NINA DEISSLER

# NIE MEHR SCHÜCHTERN!

## Wie Sie Schüchternheit überwinden, Selbstvertrauen gewinnen und Ihre innere Stärke finden

AF634158

humboldt

# INHALT

# NIE MEHR SCHÜCHTERN

*Hurra, der erste Schritt ist getan: Sie haben sich getraut, dieses Buch zu kaufen und aufzuschlagen. Später, wenn Sie es gelesen haben, werden Sie merken, wie froh Sie wirklich darüber sein können. Und noch froher werden Sie sein, wenn Sie es nicht nur gelesen, sondern auch wirklich benutzt haben!*

Dieses Buch firmiert zwar unter der Bezeichnung „Ratgeber“, doch einen „Rat“ haben Ihnen bestimmt schon einige Menschen gegeben – und er hat wahrscheinlich nicht viel verändert oder bewegt. Ein Rat ist eben immer gut gemeint, aber deshalb noch lange nicht hilfreich. Ich werde Ihnen daher deutlich mehr als nur „Rat geben“: Ich werde Ihnen zunächst helfen zu verstehen, was genau Sie davon abhält, das zu tun, zu sein oder zu bekommen, was Sie gerne täten, wären oder hätten. Und dann neue, bessere und effizientere Wege zu finden, wie Sie Ihren Kopf so benutzen können, dass Sie sich gut fühlen und Ihre Ziele erreichen.

Sie können dieses Buch natürlich nur lesen. Vielleicht ist es ganz interessant. Oder: Sie benutzen es!

Bevor wir tiefer in das Thema „Schüchternheit“ einsteigen, lassen Sie mich eines vorwegschicken: Es ist nichts Schlimmes daran, schüchtern zu sein. Viele Menschen sind schüchtern, zurückhaltend, introvertiert oder einfach ruhig. Warum auch nicht? Worum es in diesem Buch geht, ist, Ihnen einen Weg zu zeigen, das zu bekommen, was Sie sich wünschen – und dabei wenn möglich auch noch Spaß zu haben.

Wenn Ihnen Ihre Schüchternheit dabei oft im Weg ist bzw. Sie aufhält, dann wäre das ein Grund, etwas zu verändern.

Ich muss Ihnen noch ein Geständnis machen: Dies ist kein „Wie ich mein eigenes Problem bewältigt habe“-Buch. Ich war nie wirklich schüchtern. Und gerade, weil mir vieles von dem, was Ihnen möglicherweise schwerfällt, immer leichtfiel, wurde ich von vielen Menschen um Rat gefragt oder um Hilfe gebeten, wenn sie ihre Schüchternheit überwinden wollten.

Als ich vor über 15 Jahren dann damit begann, Seminare zu geben, in denen es (auch) darum ging, wie man Schüchternheit überwindet, war die größte Aufgabe, herauszufinden, was genau es ist, das schüchterne Menschen davon abhält, das zu tun, was sie eigentlich tun wollen. Ich habe also professionell geforscht und gelernt.

Ich habe unter anderem gelernt, dass die Schüchternheit selbst häufig nicht das ist, was betroffene Menschen stört: Es sind eher die Nachteile, die sie mit sich bringt, und das Gefühl, „nicht richtig“ zu sein in einer Welt, in der das Gesetz des Stärkeren gilt und laute, extrovertierte Menschen oft weiter kommen, während leisere, vorsichtigere Menschen leicht unterschätzt werden. Ich bin einer dieser lauten, extrovertierten Menschen – doch ich weiß gut um die verborgenen Schätze, die in jedem Menschen schlummern. Auch wenn sie oft sogar so gut verborgen sind, dass nicht einmal der betreffende Mensch selbst sie erwartet.

Schüchtern zu sein hat viele Ausprägungen, die Ihnen in vielen Lebenssituationen Nachteile bescheren. Sie selbst müssen nicht laut und extrovertiert werden, um das zu verändern. Aber Ihren Mut finden, das würde durchaus helfen – und darin bin ich eine echte Expertin.

In diesem Buch geht es nicht ums Flirten oder darum, wie Sie einen passenden Partner finden können: Es geht darum, wie Sie es schaffen können, nicht mehr schüchtern sein zu müssen, sondern eine Wahl zu haben, wie Sie sich verhalten möchten. Sie werden hilfreiche Anregungen finden und immer genau das umsetzen können, was Ihnen in der jeweiligen Situation weiterhelfen kann. Schritt für Schritt können Sie so Ihre Ziele erreichen und sich neue setzen, um dann auch diese mit mehr Leichtigkeit erreichen zu können.

Vieles von dem, was ich Ihnen in diesem Buch vorstellen und beschreiben werde, werden Sie sofort verstehen und nachvollziehen können. Sie werden sich in ähnlichen Situationen sehen und wiederkennen und sich selbst zu sich sagen hören: „Ja, das stimmt. Es entspricht dem, was ich erlebt habe." An anderen Stellen werden Sie vielleicht erst einmal innehalten und sich fragen, inwiefern diese Aussagen zu Ihren Erfahrungen passen. Sie werden vielleicht nicht sofort etwas damit anfangen können und während Sie darüber nachdenken, werden Sie prüfen, ob das wirklich für Sie und Ihre Situation gilt. Möglicherweise werden Sie erst später erkennen, dass diese Dinge auch auf Sie zutreffen, und nachdem Ihnen der Nutzen meiner Aussagen und Vorschläge klar geworden ist, werden Sie dann zustimmen können. Vielleicht dauert es einige Zeit, bis Sie das bemerken, und Sie werden sehen, wie Sie Stück für Stück immer mehr wagen können, und nach einiger Zeit Dinge, die Ihnen vorher noch ungewohnt erschienen, plötzlich ganz normal geworden sind.

Wenn dieses Buch wirklich zu Ihrer Weiterentwicklung dienen soll, dann wird es auch noch andere Phasen geben: Während Sie sich mit den Inhalten und dem Konzept auseinandersetzen und versuchen, sich in die Szenarien hineinzuversetzen, wie ich Sie Ihnen vorstellen werde, werden Sie diese Vorschläge eventuell anfänglich infrage stellen und anzweifeln oder sogar regelrecht überlesen. Es wird Ihnen

vielleicht sogar völlig absurd erscheinen, was ich schreibe. Während Sie einige dieser Ideen möglicherweise anfänglich direkt verwerfen, werden Sie davon dennoch das annehmen können, was Ihnen möglich erscheint. Und später, vielleicht wenn Sie gar nicht mehr daran denken, könnten Sie plötzlich so etwas wie einen Geistesblitz haben: Zum Beispiel könnten Sie erkennen, wie Sie eine bestimmte Situation angehen können, die Ihnen bisher Schwierigkeiten gemacht hat. Während Sie sich selbst zu dieser tollen Idee und Ihrem Mut gratulieren, der so plötzlich gekommen ist, erinnern Sie sich unter Umständen noch nicht einmal daran, wie das geschehen konnte. Dies ist ein ganz normaler Prozess in der Entwicklung eines jedes Menschen. Denn wäre das, was ich Ihnen vorschlage, für Sie von Anfang an und in jeder Hinsicht vollkommen schlüssig und machbar: Würden Sie dieses Buch lesen? Sie wären nicht in der jetzigen Situation!

Viele Menschen, die meine Bücher lesen, berichten mir, dass sie dasselbe Buch Jahr für Jahr erneut in die Hand nehmen und jedes Mal das Gefühl haben, ein neues Buch zu lesen, weil sie andere Aspekte darin finden als zuvor. Dies ist der Ausdruck ihrer eigenen Weiterentwicklung. Ich bin sicher, es wird Ihnen ebenso ergehen.

Ich wünsche Ihnen dabei viele hilfreiche Erfahrungen und vor allen Dingen viel Spaß!

*Nina Deißler*

# WELCHER TYP SIND SIE?

*Schüchternheit – was genau ist das eigentlich? Lernen Sie sich selbst besser kennen und finden Sie Ihren Weg!*

## Schüchternheit verstehen

Wenn ich mich einem Thema nähere, schau ich mir zunächst an, was die Wörterbücher mir darüber sagen können. Die Definitionen aus den verschiedenen Nachschlagewerken halten nämlich sehr viele Informationen bereit, die Ursprünge und Herausforderungen eines Themas zu verstehen. Was also sagen die Quellen?

### Schüchternheit – die Definition

*Wikipedia* erklärt in der Einleitung: „Unter Schüchternheit (hochsprachlich auch Scheu, veraltet Scheue) versteht man die Ängstlichkeit eines Menschen beim Anknüpfen zwischenmenschlicher Beziehungen. Auch bei Scham, Verlegenheit, Lampenfieber und Sexualangst treten ähnliche Verhaltensweisen auf, dort sind diese aber auf spezielle Situationen begrenzt. Schüchternheit bezeichnet dagegen die allgemeine Neigung eines Menschen, auf die Begegnung mit nicht vertrauten Personen mit Verunsicherung oder Furcht zu reagieren. Schüchternheit ist jedoch – soweit sie kein Leiden erzeugt – keine psychische Störung, sondern ein Ausdruck des Temperaments eines Menschen.“

Im *Duden* findet man zu dem Begriff „schüchtern“:

1. scheu, zurückhaltend, anderen gegenüber gehemmt
2. nur vorsichtig, zaghaft [sich äußernd] in Erscheinung tretend

*DWDS*, das Wortauskunftssystem zur deutschen Sprache in Geschichte und Gegenwart, erklärt den Begriff „schüchtern“ mit: „Den Menschen, dem anderen Geschlecht, seiner Umgebung gegenüber gehemmt, scheu, ängstlich zurückhaltend.“

Ich mag es, mich den Themen so zu nähern, da ich sehr häufig direkt das finde, was das „Problem“ ist: Vermutlich sind Sie, lieber Leser, ein Mensch, der nun mal zur Vorsicht neigt und von seinem Temperament her eher zurückhaltend ist – zumindest in den Situationen, die für Sie Herausforderungen darstellen. Das Problem ist, dass dies häufig auch mit Hemmungen, Zaghaftigkeit und Angst einhergeht.

## Im Inneren ist der Teufel los

Das Vorsichtige und Zurückhaltende allein wäre nicht schlimm, denn das ist die positive Absicht in Ihrem Verhalten. Es sind die „Nebenwirkungen“, die Ihnen zu schaffen machen: *Ihre Hemmungen halten Sie davon ab, aktiver, unbefangener, ausgelassener und spontaner zu sein.*

Es gibt so viele Momente, in denen Sie etwas zu sagen hätten oder sogar jetzt etwas sagen müssten, damit die Dinge sich für Sie positiv entwickeln – aber Sie trauen sich nicht. Sie haben Hemmungen. Und im Gegensatz zu dem, was der Beobachter von außen sehen kann – nämlich vermutlich nichts –, ist in Ihrem Inneren in vielen Fällen der Teufel los. Ein Gedankenkarussell, das Sie nicht stoppen können und das beständig an Fahrt aufnimmt: *Soll ich oder soll ich nicht? Was, wenn das, was ich sage, nicht gut genug ist? Was soll ich überhaupt sagen? Was, wenn ich mich lächerlich mache? Ach, das hat doch sowieso alles keinen Sinn! Lass es lieber gleich ganz. Jetzt hast du dich wieder nicht getraut ...*

Viele Betroffene berichten auch davon, dass sich in den Momenten, in denen es quasi „drauf ankäme“, totale Leere in ihrem Kopf ausbreitet. Da ist einfach gar nichts, was man sagen könnte. Keine Idee, keine Ahnung. Nur Herzrasen, feuchte Hände und eine trockene Kehle. Es entsteht das Gefühl, am liebsten davonlaufen zu wollen – oder der starke Wunsch, dass sich der Boden auftun und einen einfach verschlucken möge. Hauptsache weg, raus aus der Situation. Bei anderen bildet sich ein regelrechter Knoten im Gehirn – und dann auch in der Zunge. Und vor lauter Angst, etwas völlig Dämliches, Sinnloses herauszuwürgen, lässt man es lieber gleich. Erkennen Sie sich darin wieder?

Das Allerschlimmste daran ist ja, dass Sie durch diese Hemmungen, die Zaghaftigkeit und die Zurückhaltung so oft unterschätzt werden. Und damit entgeht Ihnen so einiges – beruflich wie privat. Wahrscheinlich mussten Sie schon häufig dabei zusehen, wie andere das Lob, die Aufmerksamkeit, die Wertschätzung erhalten haben, die eigentlich (auch) Ihnen zustünde, während Sie stumm und scheu daneben stehen und den Mund nicht aufkriegen. Sie haben erlebt, wie andere, die vermutlich weit weniger qualifiziert waren als Sie, Ihnen Jobs oder Aufgaben zur Profilierung wegschnappten. Sie haben sich schon so oft geärgert, wenn Ihnen jemand gefallen hat und Sie Ihre Chance verpasst haben, weil die Schüchternheit so groß war, dass er/sie nie erfahren hat, dass Sie überhaupt existieren.

**Das Problem entsteht in der Beziehung zum Außen, doch sein ganzes, zerstörerisches Potenzial entfaltet es im Inneren.**

Ihr gehemmtes, zurückhaltendes Wesen wirkt auf andere zaghaft und möglicherweise sogar schlimmer: desinteressiert oder dumm. Wer kann denn ahnen, ob jemand etwas Gutes zu sagen hätte, wenn er es nie tut? Und das ist Ihnen eigentlich klar, doch dieses Bewusstsein verändert nichts an Ihrem Verhalten und schon gar nicht an Ihren Ängsten.

## Kämpfe mit sich selbst steigern die Hemmungen

Im Gegenteil: Nach jedem negativen Erlebnis, in dem Ihre Schüchternheit Sie gehemmt hat, folgt ein Selbstgespräch, in dem Sie sich selbst abwerten. Sie ärgern sich über sich selbst. Manchmal tagelang. Sie bereuen, dass Sie nichts unternommen haben, ärgern sich über andere, die es sich leicht machen. Sind vielleicht sogar neidisch oder missgünstig. Und wahrscheinlich mögen Sie sich selbst so noch weniger. Mit anderen Worten: Sie kämpfen gegen sich selbst – und sorgen so dafür, dass Sie nicht mutiger, spontaner oder optimistischer werden, was Ihr Auftreten angeht. Sie selbst sind Ihr strengster und unerbittlichster Kritiker. Kritischer, strenger, unerbittlicher und garstiger als vermutlich jeder andere Mensch je mit Ihnen sein würde. Und durch diese beständigen Kämpfe in Ihnen selbst – den Dialog, den nur Sie führen und hören und die mangelnde Übung und Erfahrung, sich anderen mitzuteilen – wird die Unsicherheit immer größer, die Hemmung immer stärker, und Ihr Selbstwertgefühl schwindet.

Was dann bei vielen Menschen mit ausgeprägter Schüchternheit folgt, ist eine Art Lethargie – ein Sichabfinden damit, ein Opfer der eigenen Hemmungen zu sein. „Ich bin halt so“, höre ich manchmal von Menschen, die sich aufgegeben haben und deren innerer Kritiker sie davon überzeugt hat, dass es besser ist, im Schatten zu bleiben. Doch den Kontakt zu anderen zu vermeiden, die Herausforderung zu umgehen und die eigenen Wünsche und Ziele kleinzuhalten oder gar ganz zu begraben ist eben keine Lösung, sondern nur ein „Workaround“, ein temporäres Verzögern. Es bringt Sie nicht zum Ziel.

Wenn Sie Ihre Schüchternheit überwinden möchten, müssen Sie eine Sache realisieren: dass das nicht funktioniert, wenn Sie versuchen, gegen Ihre Schüchternheit zu kämpfen.

Verstehen Sie mich nicht falsch: Es ist selbstverständlich möglich, etwas anderes zu sein als schüchtern. Doch dieses Ziel werden Sie nicht erreichen, wenn Sie Ihre Schüchternheit bekämpfen oder überwinden möchten. Denn Ihre Schüchternheit ist ein Teil von Ihnen. Und wenn Sie dagegen kämpfen, dann kämpfen Sie gegen sich selbst. Und das ist ein Kampf, den Sie nie gewinnen können.

Ihre eigenen Denkmuster halten Sie gefangen, und so drehen Sie sich im Kreis, ohne einen Ausweg zu finden. Denn der Ausweg liegt außerhalb Ihrer eigenen Gedankenstrukturen.

**Der Weg, Ihre Schüchternheit zu „überwinden“, ist, sie gänzlich zu verstehen und dann die Anteile in Ihnen zu stärken, die Ihnen helfen, nicht schüchtern sein zu müssen.**

Und wie das geht und konkret aussieht, darum geht es in diesem Buch.

## Die drei Arten der Schüchternheit

Schüchternheit kann sich von Mensch zu Mensch ganz unterschiedlich anfühlen. Es gibt verschiedene Formen und vor allem auch Ursprünge, die es erfordern, anders damit umzugehen.

Grundsätzlich kenne ich drei typische Formen von Schüchternheit:
- Natürlich schüchterne Menschen, bei denen die Schüchternheit eine Begleiterscheinung eines zurückhaltenden oder introvertierten Wesens ist,
- Schüchternheit durch Prägung,
- situationsabhängige Schüchternheit bei „eigentlich nicht schüchternen Menschen“.

## Von klein auf schüchtern

Bei den ersten beiden, den quasi „klassisch" schüchternen Menschen, die immer zurückhaltend sind, ist diese Unterscheidung sehr wichtig: Es gibt schüchterne Menschen, die bereits in der Kindheit zurückhaltend und eher scheu waren. Meistens sind sie von ihrem Wesen her eher introvertiert, sie reden nicht so gerne und haben es auch nie getan oder gewollt. Viele dieser Menschen sind sogar hochsensibel und halten es auf Dauer gar nicht so gut unter vielen Menschen und mit vielen Eindrücken, viel Kommunikation und viel Information aus. Sie brauchen es nicht, im Mittelpunkt zu stehen. Sie wollen es nicht deshalb vermeiden, weil es ihnen peinlich ist, sondern weil es ihnen einfach nicht wichtig ist. Eigentlich kommen sie mit sich und ihrer Art gut klar – es sind eher die anderen, die das Problem sind. Die Menschen um sie herum, die nicht mit ihrer Art klarkommen.

## Schüchtern durch Erziehung und Prägung

Bei der zweiten Gruppe, den Menschen, die durch Prägungen schüchtern sind, gibt es Auslöser, die dazu geführt haben, dass sie sich verstecken, zurückhaltend und scheu sind. Oft sind negative Erlebnisse und Erfahrungen aus der Kindheit die Ursache:

- Mobbingerfahrungen in der Schule,
- dramatische Einschnitte im Leben, wie z. B. Trennung der Eltern, Umzug, starke Veränderungen im sozialen Milieu, schwere Krankheit,
- Druck und Überforderung oder Gewalt im Elternhaus.

Das sind typische Auslöser für Ängste und Hemmungen. Sie bilden den Nährboden für Schüchternheit im Erwachsenenalter.

Aber auch gut gemeinte, doch falsche Erziehung mit Regeln wie „Sprich nur, wenn du gefragt wirst" oder „Sei nicht vorlaut" kann dazu führen, dass ein Mensch unfreiwillig schüchtern wird und später als Erwachsener unter Hemmungen und sozialen Ängsten leidet. Manchmal sind es Verhaltensmuster, die den Eltern vollkommen unbewusst sind, die von den Kindern aufgenommen und imitiert werden: die Angst davor, was andere („die Nachbarn") sagen könnten, oder starke Abhängigkeitsverhältnisse in der Partnerschaft oder zu den (Schwieger-)Eltern.

Kinder bekommen viel mehr mit, als Erwachsene oft glauben. Doch da sie selbst noch kein Wertesystem und keine anderen Erfahrungen haben, in die sie diese Wahrnehmungen einordnen können, werden diese frühen Beobachtungen und Erfahrungen zum Maßstab für das eigene Verhalten und die eigenen Möglichkeiten. Die Folge ist ein sehr hohes Maß an Selbstaufmerksamkeit. Viele schüchterne Menschen beobachten und beurteilen sich permanent selbst und sehen die Umwelt eher als Quelle für mögliche Gefahren, vor denen es sich zu schützen gilt.

### Ein wichtiger Unterschied

Die Unterscheidung der beiden Gruppen ist deshalb wichtig, weil die erste Gruppe quasi „freiwillig" schüchtern ist. Sie möchten eigentlich nur die negativen Nebenwirkungen der Schüchternheit loswerden und dennoch gerne introvertiert und/oder zurückhaltend bleiben dürfen. Hier resultieren das schlechte Gefühl und damit die Hemmungen eher aus dem Feedback der Umwelt, was die Zurückhaltung noch weiter bestärkt und damit einen Teufelskreis auslösen kann.

Die zweite Gruppe ist *nicht* von Natur aus und schon gar nicht freiwillig schüchtern – und oft auch nicht einmal introvertiert. Hier sind meist auch eine Menge Angst und unterdrückte Wut im Spiel. Diese Gruppe sieht in erster Linie nicht die Anforderungen der anderen als Problem, sondern sich selbst, und fürchtet sich daher vor dem Urteil anderer. Die meisten Menschen dieser Gruppe wären die Schüchternheit gerne grundsätzlich los. Sie würden möglicherweise sogar gerne im Mittelpunkt stehen – wenn es positives Interesse und Freundlichkeit wären, die sie erfahren.

## Schüchtern aus der Situation heraus

Und dann gibt es da noch die dritte Gruppe: Menschen, die „eigentlich“ gar nicht schüchtern sind – außer in bestimmten Situationen.

Die beliebteste und mir am besten bekannte Situation ist die, dass die Schüchternheit immer dann auftritt, wenn es um Sexualität geht: Wenn dem eigentlich nicht schüchternen Menschen ein anderer besonders gut gefällt, wird er/sie plötzlich schüchtern – sprich ängstlich, zaghaft und gehemmt.

Viele Menschen haben auch Schwierigkeiten mit Autoritäten – ein Vorgesetzter, Lehrer, Professor oder Dozent flößt so viel Respekt ein, dass der in Angst umschlägt und Schüchternheit hervorruft, sodass Gespräche auf Augenhöhe nicht möglich sind. Manch einer hat auch nur eine leichte Schüchternheit, die er gut im Griff hat, aber die zum Beispiel in Konfliktsituationen zum Vorschein kommt, sodass er sich einfach nicht behaupten oder durchsetzen kann und damit immer wieder Nachteile und Grenzüberschreitungen in Kauf nimmt. Gerade in solchen Situation leiden die „punktuell Schüchternen“ ganz besonders, weil diese Art sich zu fühlen und sich zu verhalten eigentlich gar nicht zu ihrem sonstigen Wesen passen will. Das ist insbesondere verhängnisvoll, weil diese Menschen auf andere auch nicht unbedingt schüchtern wirken und ihr Gegenüber nie auf die Idee käme, dass das seltsame Verhalten tatsächlich aus Schüchternheit und nicht aus Desinteresse oder Arroganz heraus geschieht. Die Schere zwischen dem eigenen Gefühl im Inneren und der Wahrnehmung durch andere im Außen ist hier besonders groß.

Wenn man sonst doch gut für sich einstehen kann, nicht auf den Mund gefallen ist, selbstbewusst und vielleicht sogar tough wirkt, kommt niemand auf die Idee, dass bestimmte Situationen oder Menschen Schüchternheit, Ängste, Hemmungen oder Scheu auslösen könnten.

Vorgetäuschte Souveränität oder Coolness ist dann die Devise – da die plötzlich auftretende Schüchternheit ja auch nicht ins eigene Konzept des Selbstbildes passt. Und gerade dieses Schutzverhalten ist es dann, das auf andere arrogant, ablehnend und desinteressiert wirkt.

## Der größte Nachteil der Schüchternheit

Diese Wirkung gilt für fast jede Situation, in der Menschen schüchtern sind – egal aus welchem Grund: Kaum jemand kommt auf die Idee, dass die Zurückhaltung nur ein Schutzverhalten ist, das nicht aus Desinteresse entsteht, sondern eben aus Überforderung oder aus Angst und letztlich aus einem Gefühl, das allen schüchternen Menschen wohlbekannt ist: Scham!

Fast immer ist **Scham** die „vergiftete Zutat" des Gefühlscocktails, mit dem sich jeder Mensch in einem schüchternen Moment herumschlägt. Es ist nicht die Vorsicht, die Zurückhaltung oder die Ratlosigkeit, sondern es ist die damit einhergehende Scham, resultierend aus der Angst, nicht gut genug zu sein, abgelehnt oder sogar verhöhnt zu werden.

So unterschiedlich die drei Gruppen der Schüchternen sind, das ist es, was sie letztlich auch wieder vereint: die Angst vor negativen Auswirkungen, vor Kontrollverlust und der Wunsch nach mehr Souveränität und Selbstsicherheit.

# INNENARBEIT

*Veränderung wirkt am besten von innen nach außen – und es gibt tatsächlich ein System dafür. Wissen Sie eigentlich, wie Sie sich Ihre Schüchternheit machen? Oder wie bewundernswert die Prozesse Ihres Gehirns dafür sind?*

## Wie Veränderung geschieht

Wenn Sie schüchtern sind, dann hat das nichts damit zu tun, in welcher Rolle oder Umgebung Sie sind. Es hat nichts mit den anderen Menschen um Sie herum zu tun. Es hat in erster Linie mit Ihnen zu tun – mit Ihrem Bild von sich selbst und der Welt, Ihren Gefühlen und Ängsten, Ihren Wertvorstellungen, Denkmustern und Glaubenssystemen. Es würde an dieser Stelle überhaupt nichts bringen, Ihnen Tipps zu geben oder neue Fähigkeiten zu vermitteln, solange Sie glauben, dass das nicht zu Ihnen passt oder sogar gefährlich sein könnte.

Ich werde in diesem Buch viele unterschiedliche Ansätze aus den unterschiedlichsten Methoden und Lehren nutzen, die aus meiner Coaching-Erfahrung heraus gute Ergebnisse bei meinen Klienten erzielt haben. Eine dieser Methoden ist NLP, das Neuro-Linguistische Programmieren.

## Was ist NLP?

NLP hat bei manchen Menschen einen leider zweifelhaften Ruf (vor allem bei denen, die nicht genau wissen, was es ist), und das hat vor allem einen Grund: Es ist sehr effektiv. Viele Therapeuten und Psychologen verdrehen die Augen, wenn man in ihrer Gegenwart diese drei Buchstaben erwähnt. Und es wundert mich eigentlich gar nicht: Wenn ich aus meinem Wissen heraus überzeugt davon wäre, dass es ungefähr ein Jahr dauert, bis man eine Phobie los ist, und es käme einer und würde sagen: Das geht auch in 20 Minuten – ich würde das stark bezweifeln und wäre skeptisch!

NLP ist wahrlich kein „Allheilmittel“ und in meinen Augen keine Methode, mit der man jedes Problem eines Jeden lösen kann. Und wie so oft kommt es vor allem auf die Fähigkeiten und die Werte desjenigen an, der es vermittelt und anwendet. So wie es nicht empathische Ärzte, miese Anwälte, schlecht ausgebildete Köche, planlose KFZ-Mechatroniker und überdrüssige Klempner gibt, gibt es auch schlechte, wenig ausgebildete oder nicht empathische Coaches – ganz egal welche Zertifikate an ihrer Wand hängen.

NLP lässt sich aus meiner Sicht am besten beschreiben als eine systematisierte Sammlung und der Kombination von logischen Schlussfolgerungen und Methoden zur Beeinflussung von Denken, Fühlen und Handeln eines Menschen mit dem Ziel, ihn bestmöglich dahin zu führen, wo es ihm nützt.

Ihre Ursprünge nahm diese Sammlung in den frühen 1970er-Jahren in Kalifornien, wo der Student Richard Bandler an der University of California Mathematik, Informationswissenschaften (der frühe Anfang von IT) und Psychologie studierte. Vieles von dem, was er über Psychologie lernte, kam ihm seltsam vor, und er wunderte sich, dass er alles darüber lernte, was „Störungen“ bei Menschen waren – aber nicht, was man dagegen tun konnte. In seinem Nebenjob transkribierte Bandler Sitzungen für den Psychiater Fritz Perls, einen der

Mitbegründer der „Gestalttherapie". Zudem lebte er in der Nachbarschaft des Kybernetikers Gregory Bateson, für den er ebenfalls zeitweise tätig war, und wurde später der bekannten Familientherapeutin Virginia Satir vorgestellt. Da Virginia Satir keinen Führerschein hatte, chauffierte Bandler sie zu außerhalb gelegenen Terminen, wo er sie bei der Arbeit beobachten konnte. Zusammen mit John Grinder, der damals an der UCA Professor für Anglistik und seinerseits Schüler des brillanten Linguisten Noam Chomsky war, veranstaltete Richard Bandler an der Universität Gestalttherapiegruppen, in denen sie bald begannen, mit weiteren Einflüssen und Ideen, wie etwa denen von Virginia Satir, Noam Chomsky oder auch Gregory Bateson und vielen anderen, zu experimentieren.

Letztlich kann man sagen, dass die Entwickler von NLP um Richard Bandler einfach Folgendes getan haben: Sie haben sich angeschaut, wo jemand im Bereich der Psychologie, Therapie und Persönlichkeitsentwicklung besonders erfolgreich ist, wie sie/er das macht und was davon man nachmachen und erfolgreich miteinander kombinieren kann.

## Eine positive Grundannahme

Die Grundannahme dabei ist, dass ein Gehirn eine Art hochleistungsfähige Maschine ist und es letztlich einfach darum geht, diese Leistung mit den geeigneten Mitteln in die Richtung zu lenken, die sinnvoll für den Besitzer des Gehirns ist. Es ist Ihrem Gehirn selbst ja vollkommen egal, was es denkt – es wäre aber doch toll, wenn das, was Sie denken, Ihnen nützen kann, das zu erreichen, was Sie sich wünschen. In Ihrem Fall nämlich das, was Sie gerne wären und könnten, wenn Sie nicht mehr schüchtern sind.

NLP geht davon aus, dass Menschen nicht neurotisch, verrückt oder gebrochen sind, sondern stets die beste Wahl aus dem treffen, was ihnen an Optionen zur Verfügung steht. Sie funktionieren in ihrem „Modell der Welt". Dieses Modell setzt sich zusammen aus dem, was sie über sich und die Welt gelernt haben, und wie sie das, was sie wahrnehmen können, interpretieren. So hat jeder Mensch ein individuelles Modell von der Welt, eine Art „innere Landkarte", in seinem Kopf, das sich von dem anderer Menschen unterscheidet. Je nachdem wie und wo Sie aufgewachsen sind, welche Rolle eine bestimmte Religion spielt(e), welchem Beruf Sie nachgehen, ob Sie in einer Stadt oder auf dem Land leben, was Ihre Eltern Ihnen vorgelebt und gepredigt haben und so weiter werden unterschiedliche Dinge in Ihrem Modell der Welt wichtig sein. Und manche Aspekte, die für andere Menschen wichtig sind, werden bei Ihnen vielleicht nicht einmal existieren.

Jedes menschliche Verhalten ergibt einen Sinn, wenn es im Kontext der „Landkarte" der betreffenden Person gesehen wird. Die Schwierigkeit besteht in der Regel deshalb nicht darin, dass Menschen „die falsche Wahl" treffen, sondern dass ihnen nicht genügend Möglichkeiten zur Verfügung stehen. So wie Sie häufig keine Alternative zu Ihrer Schüchternheit haben, weil Ihnen nicht genügend Optionen zur Verfügung stehen, die Ihnen machbar und/oder sicher erscheinen.

### Können, wollen, dürfen und sein

Bevor ich Ihnen neue Möglichkeiten für anderes Verhalten vorstelle, müssen wir zunächst dafür sorgen, dass diese für Sie anwendbar werden. Und das hat sehr viel mit Ihren Überzeugungen und Ihrer Identität zu tun.

Robert Dilts, einer der sehr frühen Schüler und späterer Mitentwickler des Modells NLP, hat ein Modell entwickelt, in dem er Veränderungsebenen in eine Hierarchie bringt, um darzustellen, wie und wo Veränderung am besten funktioniert:

**Die (neuro-)logischen Ebenen der Veränderung**

| Ebene | Bezeichnung | Erläuterung |
|---|---|---|
| **6** | Zugehörigkeit<br>Spiritualität<br>Vision/Mission | überindividuelle Ebene<br>Zugehörigkeit zu etwas Größerem oder Höherem |
| **5** | Identität | Selbstbild: Wer bin ich? |
| **4** | Werte<br>Glaubenssätze<br>Filter | Entscheidungskriterien: Was ist möglich? Was darf ich?<br>Überzeugungen, Leitideen<br>Wahrnehmungsfilter und Biografie |
| **3** | Fähigkeiten | Von außen nicht wahrnehmbare innere Prozesse: Was kann ich? |
| **2** | Verhalten | Von außen wahrnehmbare eigene Handlung: Was tue ich? |
| **1** | Kontext | Wahrnehmbare Umwelt, Raum und Zeit: Wo bin ich? |

Die *Ebene 1,* der Kontext, ist die niedrigste Ebene: Wenn Sie wirklich schüchtern sind, dann sind Sie vermutlich in vielen Bereichen schüchtern. Der Vorschlag „Geh doch mal zu einem Speed Dating oder auf eine Singleparty!“, wenn Sie sich eine Partnerschaft wünschen, ist vermutlich wenig hilfreich, denn Sie werden auch dort schüchtern sein, wo andere für ein Kennenlernen grundsätzlich aufgeschlossen sind. Sie müssten sich also anders verhalten als sonst – das wäre *Ebene 2*. Doch wie? Vielleicht fehlen Ihnen Fähigkeiten? Das wäre *Ebene 3*.

Fähigkeiten könnten Sie lernen – doch was, wenn Sie davon überzeugt wären, dass das bei Ihnen eh nichts nützt oder dass es zu schwierig oder nicht sicher für Sie ist, weil ... Welchen Grund auch immer Sie angeben: Sie bewegen sich auf *Ebene 4* – den Werten, Filtern und Glaubenssätzen. Und warum ist das gerade bei Ihnen so, wo es doch erkennbar für andere Menschen möglich ist? Das hat wahrscheinlich etwas damit zu tun, für wen Sie sich halten. Das wäre *Ebene 5*: Ihr Selbstbild, Ihre Identität. Ganz hart wird es, wenn Gott oder Ihre Religion Ihnen verbieten würde, irgendetwas anderes zu sein als zurückhaltend. Oder wenn Sie vielleicht der Meinung sind, dass Sie überhaupt nicht hier sein sollten. Denn das ist *Ebene 6*.

Und tatsächlich gibt es nicht wenige Menschen, die extrem schüchtern sind, weil sie sich haben einreden lassen, dass sie eigentlich gar keine Berechtigung zum Leben haben, dass sie nichts wert sind oder ein Unfall oder dass sie „stören".

## Veränderung beginnt in Ihnen

Falls Sie zu dieser Gruppe gehören, möchte ich Ihnen als Erstes mein tiefstes Mitgefühl aussprechen. Und ich weiß, dass es noch nicht viel hilft, wenn ich jetzt schreibe: Das war ein Missverständnis! Doch ich möchte es dennoch tun, denn vielleicht hat es Ihnen ja noch keiner gesagt: Wenn Sie geboren wurden und hier auf diesem Planeten sind, dann haben Sie jede Berechtigung, hier zu sein – egal was andere Menschen, denen das nicht recht ist, Ihnen irgendwann einmal erzählt haben. Menschen sagen aus eigenem Schmerz und aus eigener Überforderung oft Dinge, die sehr wehtun können – doch das bedeutet nicht, dass diese Menschen auch recht haben mit ihrer Überzeugung. Wir werden auf den nächsten Seiten daran arbeiten, dass Sie das auch erkennen und wirklich spüren werden.

Und selbst wenn Sie nicht zu diesem Personenkreis gehören: Ich denke, Sie können inzwischen durch diese Veranschaulichung gut nachvollziehen, warum Tipps und Ratschläge, die den Kontext *(Ebene 1)* oder das Verhalten *(Ebene 2)* betrafen, bisher sinnlos für Sie waren.

Vielleicht haben Sie ja sogar bereits andere Bücher von mir gelesen – doch die Fähigkeiten, die ich Ihnen vermittelt habe, konnten von Ihnen nicht angewendet werden, weil es Ihnen zu „gefährlich" erschien oder gegen Ihre Überzeugungen war. Vielleicht sind Sie einfach nicht „so ein Mensch“? Dann werden die nächsten Kapitel für Sie sehr hilfreich, aufschlussreich und lohnenswert sein.

## Negative Denkmuster und Glaubenssätze verändern

Negative Glaubenssätze sind die spürbarste Hürde bei jedem Menschen, der nicht wagt, seine Ziele überhaupt erst einmal zu formulieren, um sie dann erreichen zu können. Das System aus Glaubenssätzen, das Ihren Charakter und Ihr Wesen formt, wird zu Ihrer Identität, zu Ihrer Persönlichkeit. Und genau deshalb sind Sie dann oft „nicht der Typ Mensch, der ...“ eben das tut, was notwendig wäre, um aus Ihrem Gefängnis der Hemmungen und Ängste zu entfliehen. Ihre Denkmuster lassen nicht zu, andere Perspektiven oder neue Gedanken anzunehmen, die zu anderen Ergebnissen als den bisherigen führen.

Das Problem an Glaubenssätzen ist, dass wir nicht merken, dass es Glaubenssätze sind.

Es sind unsere Glaubenssätze, die unser Modell von der Welt formen, und für jeden von uns sind das keine Glaubenssätze, sondern knallharte Realität. Wir bemerken nicht, dass das, was für uns „die Welt“ oder „die Wahrheit“ ist, eben keine „objektive Wahrheit“, sondern nur ein kleiner Ausschnitt und auch davon nur eine Wahrnehmung durch zahlreiche Filter ist.

Um das besser zu verstehen, nehmen wir einmal das Thema Krankheiten als praktisches Beispiel. Ein typischer Glaubenssatz ist, dass Erkältungen davon kommen können, wenn man sich verkühlt, man z. B. mit nassen Haaren rausgeht, oder auch, dass Vitamin C gut gegen Erkältungen ist. Beides hat sich inzwischen als absoluter Blödsinn erwiesen und stimmt nicht. Das sind lediglich Glaubenssätze – diese allerdings können dann sogar dazu führen, dass genau das passiert, was Sie glauben.

## Was man glaubt, das wird real

Welche immense Kraft das haben kann, zeigen zum Beispiel wissenschaftliche Untersuchungen über Placebos bzw. sogenannte Nocebos. Dabei konnte nachgewiesen werden, dass Menschen tatsächlich geheilt wurden, weil sie glaubten, operiert worden zu sein, obwohl nur ein kleiner Schnitt an der Haut vorgenommen wurde. Oder sie glaubten, ein hochwirksames Medikament verabreicht bekommen zu haben, obwohl sie in Wirklichkeit nur wirkungslose Drops eingenommen hatten. Tatsächlich wirkte das Medikament sogar noch besser, wenn auch der Arzt daran glaubte, dass er dem Patienten gerade ein sehr wirksames Präparat verabreicht hatte. Es gibt umgekehrt einige dokumentierte Fälle, in denen Menschen nach einer tödlichen Krebsdiagnose tatsächlich innerhalb eines halben Jahres verstarben – mit allen Symptomen, die Krebs im Endstadium hervorruft. Doch bei der Autopsie stellte sich heraus, dass die Diagnose ein Irrtum war und überhaupt keine Tumorkrankheit vorlag.

So kann allein der Glaube Auswirkungen auf die Gesundheit eines Menschen haben – und das in beide Richtungen. Auch allgemeine Lebensweisheiten wie „Was Hänschen nicht lernt, lernt Hans nimmermehr“ oder „Geld verdirbt den Charakter“ können zu lebensbestimmenden Glaubenssätzen werden, die dann Ihre persönliche Realität formen, wenn diese Weisheiten für Sie Wahrheiten darstellen. Sätze wie „Dafür bin ich zu alt“ oder „In meinem Alter macht man das nicht mehr“ oder eben „Ich bin nicht der Typ dafür“ sind ebenfalls Glaubenssätze. Und bisher war Ihnen vermutlich noch nicht einmal bewusst, wie viele davon Sie sich im Laufe Ihres Lebens angeeignet haben.

Glaubenssätze können aus eigenen Erfahrungen abgeleitet sein oder von anderen übernommen werden: Meist werden sie in der Kindheit von den Eltern oder anderen wichtigen Bezugspersonen geprägt. Aber auch die Medien, die Sie konsumieren, prägen Ihre Glaubenssätze und damit Ihr Modell von der Welt.

Wenn Kinder wiederholt negative Sätze hören wie „Aus dir wird nie was werden“ oder „Du bist ein Dummkopf“, dann können daraus Glaubenssätze entstehen wie „Ich bin nichts wert“, „Ich kann nichts“, „Ich bin dumm“ oder auch „Ich werde nie Erfolg haben“. Tief im Unterbewusstsein verankert, werden diese Glaubenssätze zur eigenen Identität, bestimmen so Ihre Realität und machen einen schüchternen Menschen aus Ihnen. Denn: Das, woran Sie glauben, bestimmt, was Sie erleben.

Wenn Sie nicht daran glauben, dass Sie etwas können – wie hoch sind Ihre Chancen, dass es Ihnen doch gelingt? Glaubenssätze lassen sich verändern – doch dafür reicht es nicht aus, sich plötzlich einfach das Gegenteil einzureden. Unser Gehirn funktioniert „assoziativ“. Das heißt: Haben wir einmal eine These als Wahrheit anerkannt, sucht unser Gehirn automatisch weitere Beweise dafür, dass diese Wahrheit wirklich wahr ist. Dementsprechend funktioniert unser Gehirn ein bisschen wie eine Forschungseinrichtung, die von einem bestimmten Sponsor unterstützt wird, der uns eine These gibt, deren Wahrheitsgehalt wir im Rahmen der Forschung beweisen sollen.

## Auf Nummer sicher fürs Überleben

Unser Unbewusstes, das seit Jahrtausenden dafür sorgt, dass wir nach Möglichkeit nicht aussterben, geht gerne auf Nummer sicher und unterstützt daher besonders Thesen, die unserer Sicherheit dienen sollen. Doch sicher heißt nicht, dass es Ihnen dabei gut gehen muss. Sicher heißt lediglich überleben!

**Ihr Unbewusstes will immer nur dafür sorgen, dass Sie sich nicht in unnötige Gefahr begeben, in der Sie unter Umständen umkommen könnten. Es will nicht, dass Sie glücklich sind oder dass Sie Erfolge haben oder dass Sie sich gut fühlen. Denn das ist für das Überleben nicht so relevant.**

Und hier kommen Sie in den ersten inneren Konflikt: Sie haben nämlich nicht nur einen Gehirnteil, den fast alle Lebewesen miteinander teilen (das sogenannte *Reptiliengehirn*), das einen Teil Ihres Unterbewusstseins steuert – Sie haben als Mensch ja auch noch weitere Hirnareale, die im Laufe der Entwicklung zum Menschen nach und nach hinzugekommen sind:

- das emotionale *Mammalia-Gehirn*, das zuständig ist für Lachen und Weinen, Spieltrieb und Sexualität, Euphorie und Depression: Alle Informationen, die im Langzeitgedächtnis gespeichert werden, passieren zuerst einmal diesen Teil des Gehirns, in dem rationales Denken und Gefühle aufeinandertreffen und eine Bewertung erfahren;
- das denkende *Neomammalia-Gehirn*. In diesem Bereich wird gedacht und gespeichert: Logisches Denken, die Bildung von Denkstrukturen, Fantasie und die Fähigkeit zu Schlussfolgerungen und neuen Erkenntnissen sowie die Langzeitspeicherung von Informationen sind seine Hauptaufgaben.

Die drei Bereiche „kommunizieren" zwar miteinander. Sie sind aber auch ein wenig blind und missverstehen sich manchmal, weil sie die Bedeutung der Botschaften füreinander stets nur auf Basis ihrer eigenen Funktion beurteilen: Ein Teil von Ihnen will tatsächlich sehr gerne glücklich sein, erfolgreich, sich verlieben, hat Träume, Wünsche und Fantasie. Wenn dieser Teil von Ihnen sich allerdings vom

„Reptilienanteil“ beherrschen lässt, dann kommen dabei Schlussfolgerungen und damit Denkstrukturen heraus, derentwegen Sie vermutlich dieses Buch gekauft haben.

## Keinen Kampf gegen sich selbst führen

Der Ausweg ist daher nicht, Ihre Ängste zu bekämpfen. Denn wenn Sie gegen Ihre Ängste kämpfen, dann kämpfen Sie gegen sich selbst. Sie kämpfen gegen die Instanz in Ihnen selbst, die für Ihr Überleben sorgen möchte. Sie bekämpfen quasi beständig Ihren inneren „Sicherheitschef“ (Reptiliengehirn) und Ihren „Archivar“ (Neo-Mammalia-Gehirn), die zig Beweise dafür kennen, dass die Welt da draußen gefährlich ist.

Sie können sich das ungefähr so vorstellen: Um für Ihr Überleben und Ihre Sicherheit zu sorgen, werden alle Dinge (Menschen, Situationen, Vorhaben) geprüft, und alles, was potenziell unsicher ist, wird als Gefahr eingestuft. Und natürlich sind dabei auch Bedrohungen für die Beschädigung des Selbstwerts oder eine Blamage echte Risiken, vor denen Sie unbedingt gewarnt werden müssen. Ebenso ist alles, was neu ist, automatisch eine potenzielle Gefahr. Und je mehr Ihre Prägung, Ihre Erlebnisse der Vergangenheit und Ihre Erfahrungen auf negativen Glaubenssätzen basieren, umso mehr haben Sie Fantasien von potenziellen Gefahren und umso häufiger werden Menschen, Situationen und Vorhaben als Gefahren eingestuft.

Das führt dann leider dazu, dass Sie nicht so viele andersartige Erfahrungen machen, die Ihnen das Gegenteil beweisen: Da Sie bisher den potenziellen Gefahren nicht gewachsen sind und ihnen eher aus dem Weg gehen, fehlt es Ihnen an Gegenbeispielen und dann eben auch an Mut, an Möglichkeiten und damit an Alternativen zu schüchternem Verhalten.

PRAXISBEISPIEL

### AKTENNOTIZEN FÜRS NEGATIVE ICH

*Martin war Mitte 30, als er zu mir kam: Sein älterer Bruder hatte ihn die ganze Kindheit über gerne gehänselt und ihm gesagt, er sei hässlich. Martins Bruder war älter, stärker und erfahrener als er – was er sagte, musste also stimmen. Auch wenn Martin wusste, dass es eine Hänselei war, wenn der Bruder sagte, er sei hässlich: Ein leiser Verdacht schlich sich dennoch ein. Martins Gehirn machte sich also eine Art „Aktennotiz": „Könnte sein, dass ich hässlich bin."*

*Irgendwann als er besonders traurig und niedergeschlagen war, fragte er seine Mutter, ob er hässlich sei. Sie lachte nur und fragte ihn, wie er denn auf so eine blöde Frage komme. Aber sie sagte nicht Nein. Sie bemerkte leider nicht, dass es ihrem Sohn nicht gut ging, und nahm die Frage nicht ernst. In Martins damaliger Stimmung allerdings bestärkte das seine negativen Gedanken. Martins Gehirn machte sich eine zweite „Aktennotiz": „Könnte tatsächlich sein, dass ich hässlich bin. Eventuell auch blöd."*

*Dann kam der Tag, an dem Martin sich traute, Sandra aus der Parallelklasse anzusprechen – da er recht nervös war, stellte er sich nicht gerade geschickt an. Sandra ließ ihn abblitzen mit „Du bist mir zu blöd". Martin bekam mit, dass die anderen Mädchen über ihn lachten, als Sandra ihnen davon erzählte.*

*Er war niedergeschlagen und enttäuscht – sein Gehirn legte eine Akte an, legte die vorhandenen Notizen hinein und schrieb darauf: Beweismaterial für „Ich bin blöd und hässlich".*

*Dass er blöd und hässlich war, war also quasi bereits bewiesen. Es war ein Glaubenssatz, der ab dann für Martin eben kein Glaubenssatz, sondern beinharte Realität war. Ob er wollte oder nicht: Da er das als Realität anerkannt hatte, suchte er fortan weitere Beweise für die Richtigkeit seiner These. Irgendwann hatte er so viele „Beweise" gesammelt, dass er ganze Aktenschränke damit hätte füllen können.*

*Wenn er später Mädchen und dann Frauen kennenlernte, versuchte er natürlich immer bestmöglich zu verbergen, dass er blöd und hässlich war. Doch so ganz gelang ihm das nur selten. Sein „Workaround" war Humor – er war lustig, machte Witze und lachte viel. Aber in ihm drin sah es ganz anders aus. Und da seine „Clownsmaske" ihm gerade bei den Frauen zwar Sympathie, aber kein Begehren einbrachte, wurden die Akten immer dicker, die bewiesen, dass er zu blöd und zu hässlich war für eine Freundin. Dass all das nur aufgrund der negativen Glaubenssätze und der damit einhergehenden selbsterfüllenden Prophezeiung zustande kam, konnte er damals nicht ahnen. Er hatte auch längst vergessen, was die erste „Notiz" gewesen war, die seine „Forschung" in Gang gesetzt hatte.*

*Beruflich wusste er genau, was er zu tun hatte. Er strengte sich an, schrieb gute Noten, machte Abitur, studierte, fand einen gut bezahlten Job – doch wenn er eine Frau kennenlernen wollte, kam immer wieder diese Angst, dass sie ihn nicht wollen könnte, weil er hässlich war. Und wahrscheinlich würde sie ihn blöd finden. Er hatte ja Schränke voller Beweismaterial dafür gesammelt … Und er hatte inzwischen auch einige Akten mit der Aufschrift: „Frauen sind gemein" und „Es gibt keine Liebe" angelegt. Es war nicht schwer, auch dafür immer weitere Beweise zu finden.*

Und das ist der Grund, warum es nicht funktioniert, sich einfach etwas anderes „einzureden“ – denn letztlich ist „Ihre Wahrheit“ ja auch genau das: eingeredet. Wenn es Ihnen geht wie Martin und Sie sehr viele Beweise gesammelt haben, dann war das eine Menge Arbeit. In Ihrem Kopf gibt es dieses gewaltige Archiv – und die Verknüpfungen, Ihre neuronalen Netzwerke im Gehirn, sind gut ausgeschilderte, mehrspurige Autobahnen, die zu diesem Beweisarchiv führen.

Ihr Unterbewusstsein hat etwas dagegen, dass Sie das alles vernichten – schließlich war es viel Arbeit! Und weil Sie Ihrem Weg schon lange folgen, wissen Sie, dass Sie „sicher“ sind.

Wollen Sie jetzt allen Ernstes einen neuen Weg gehen, wo bisher kaum ein Trampelpfad sichtbar ist? Etwas annehmen, wofür es doch bisher so wenige Beweise gibt? Lächerlich! Das funktioniert garantiert nicht! Zumindest wird Ihr Unterbewusstsein – bei manchen auch bekannt als ihr „innerer Schweinehund“ – versuchen, Ihnen das einzureden! Doch es gibt ein paar spannende Methoden, wie Sie Ihre Glaubenssätze finden und verändern können, ohne dass Sie sich selbst dabei bekämpfen.

## Wie werden negative Glaubenssätze real?

Letztlich besteht die ganze Welt (in Ihrer Wahrnehmung) aus einem System von Glaubenssätzen – irgendwann haben Sie bestimmte Dinge darüber gelernt, wie die Welt ist:

- Frauen sind ...
- Männer sind ...
- Das Leben ist ...
- Arbeiten bedeutet ...
- Geld ist ...
- Ich bin ...

Und so weiter und so fort.

Sie haben Bewertungen, Meinungen und Wahrheiten zu allem und jedem, die Ihre Gedanken und Gefühle und damit Ihr ganzes Leben bestimmen. Uns interessieren natürlich vor allem die, die Ihnen zu schaffen machen, an Ihrem Selbstvertrauen nagen und dafür sorgen, dass Sie schüchtern sind.

Negative Glaubenssätze beginnen häufig mit:

- Ich kann einfach nicht ...
- Ich bin einfach nicht ...
- Nie (oder: Immer wieder) passiert mir ...
- Es gibt für mich nicht ...
- Immer wieder habe ich ...

Man kommt solchen negativen Glaubenssystemen oder Glaubenssätzen auch auf die Spur, wenn man sich anschaut, was bei den meisten anderen funktioniert – im eigenen Leben dagegen einfach nicht.

### Die Tücken des Glaubens

Wo läuft es immer wieder anders, als Sie es sich wünschen? Oft sind Glaubenssätze auch „Selbstverständlichkeiten": Sie erscheinen als plausible Gründe dafür, warum Sie nicht bekommen, was Sie wollen, oder eben warum Sie nicht tun, was Sie tun möchten.

Nicht selten sind es auch Wenn-dann-Verknüpfungen, die vollkommen logisch erscheinen: „Wenn ich dieses und jenes mache, dann wird das und das passieren." Und in Kombination mit weiteren Glaubenssätzen und Ängsten werden sie dann zu „bombenfesten Systemen", die Ihre Realität gestalten und Ihre Ängste hervorrufen.

Es kommt nicht selten vor, dass wir mit Glaubenssätzen herumlaufen, die überhaupt nicht mehr zu uns und unserem Leben passen und dennoch weiterhin bestimmen, was wir tun, was wir uns trauen und wie wir handeln. Das zu erkennen ist der Anfang eines Weges aus dem Labyrinth der negativen Glaubenssätze heraus.

Bei unserem Beispiel mit Martin wurde die erste „Aktennotiz“ ausgelöst durch den Bruder. Aus Sicht des Kindes Martin war die Aussage glaubhaft, aus Sicht des erwachsenen Martin war klar, dass das nicht der Wahrheit entsprach. Ebenso wenig hatte die Mutter eine Aussage gemacht, die Martins „Realität“ entsprach. Und bei Sandra hatte er sich einfach dumm angestellt, weil er nervös war. Er konnte sich also klar sagen: Nein, die ersten Notizen stimmen nicht, die Leute, die das behauptet hatten, waren keine „Experten“, und sie haben das nicht so gemeint, wie ich es verstanden hatte.

PRAXISBEISPIEL

### MÄNNER SIND BÖSE

*Die Mutter meiner Klientin Christine hatte sie immer vor den Männern und vor Beziehungen gewarnt. Christine wünschte sich sehnlichst eine liebevolle Partnerschaft, aber sie hatte gleichzeitig wahnsinnige Angst davor, einem Mann ausgeliefert zu sein. Im Coaching bemerkte sie, dass der Ursprung ihrer Angst die Warnungen ihrer Mutter waren. Sie bemerkte aber auch, dass ihre Mutter an ihrer Meinung festhalten wollte, dass Christines Vater ein böser Mensch sei – so wie alle Männer – und dass sie das Opfer war. Davor wollte sie ihre Tochter bewahren. Christine wusste inzwischen sehr gut, dass ihr Vater eigentlich nicht „böse“ war, sondern ihre Mutter sehr viel dazu beigetragen hatte, dass er die Familie verlassen hatte. Die entscheidende Frage an Christine im Coaching war: „Ist deine Mutter eine Beziehungsexpertin?“ Christine brach zunächst in schallendes Gelächter aus, dann in Tränen, da ihr plötzlich bewusst wurde, dass sie ihre Mutter – ohne es zu merken – all die Jahre genau dazu gemacht hatte: zu ihrer persönlichen weltweit führenden, unfehlbaren Expertin in Sachen Beziehungen.*

### „Forschungsergebnisse" infrage stellen

Tatsächlich leben wir oft jahrelang (oder noch länger) mit Annahmen über Situationen und uns selbst auf Basis von Aussagen, die längst überholt sind. Doch wir bemerken gar nicht, dass wir vielleicht die „unzuverlässige Quelle der Grundannahme" einmal überprüfen könnten. Tun wir das, so fällt es uns viel leichter, unsere „Forschungsergebnisse" infrage zu stellen und „neues Beweismaterial" zuzulassen.

Sie werden verblüfft sein, wie effektiv diese eigentlich einfache Methode tatsächlich ist. Es hat damit zu tun, dass unserem Unterbewusstsein oft genau dieser Prozess fehlt, um den Glaubenssatz als falsch und hinderlich zu erkennen. Wenn der Prozess jedoch einmal in Gang ist, wird Ihnen bewusst werden, was vorher unbewusst war, und die „Wahrheit" verliert zunächst Macht – sie wird zu einem bewusst wahrgenommenen Glaubenssatz. Dann haben Sie eine Wahl: Sie können ihn glauben und weiterhin Beweise dafür suchen oder Sie können sich entscheiden, auch andere Dinge wahrzunehmen, die eine andere Wahrheit beweisen. Irgendwann werden Sie sich umdrehen und feststellen, dass der Glaubenssatz nicht weiter relevant für Sie ist. Er ist nur etwas, das Sie einmal geglaubt haben.

## Dem Glaubenssatz ein Schnippchen schlagen

Soweit die Theorie, kommen wir zur Praxis. Es gibt vielfältige Übungen, um unsere verankerten Glaubenssätze einmal auf den Prüfstand zu stellen.

### Der Brief an das jüngere Ich

Eine sehr gute Möglichkeit, Ihr Unterbewusstsein in diesen Prozess der Veränderung zu bringen, ist, Ihrem jüngeren Selbst einen Brief zu schreiben. Vermutlich haben Sie eine Idee (und sei sie noch so vage), wann Sie angefangen haben, Dinge über sich oder die Welt zu glauben, die es Ihnen schwer machen, sich gut genug und das Leben leicht zu finden. Es kann daher heilsam sein, Ihrem jüngeren Ich, das einst begann, diese Gedanken anzunehmen, einen Brief zu schreiben, in dem Sie ihm Mut machen und Liebe senden.

Vielleicht so:

> Liebe/r …,
>
> ich weiß, du leidest bis heute darunter, dass du glaubst …
> Das stimmt so aber gar nicht. Ursprünglich hat das jemand (oder …) gesagt, weil … Und das hatte nichts mit dir zu tun, sondern …
> Du brauchst das also nicht glauben.
> Ich weiß nämlich, du kannst … und du bist auch …
> (Ja, führen Sie ruhig andere gute Dinge an, die Sie über sich wissen!)

Das fühlt sich bestimmt erst mal seltsam an, aber es hat tatsächlich eine verändernde Wirkung auf Ihr inneres Glaubenssystem.

Wenn Sie das jetzt nicht glauben, dann ist das übrigens auch wieder ein negativer Glaubenssatz. Warum probieren Sie es nicht einfach aus? Es dauert ja nicht lange. Was haben Sie zu verlieren – außer Ihren Ängsten?

### Können oder wollen Sie nicht?

Zu allen Sätzen, die mit „Ich kann nicht“ beginnen, gibt es auch eine ganz interessante Übung, die ich häufig in meinen Seminaren anwende. Ich lasse meine Teilnehmer ein paar Dinge aufschreiben, die sie ihrer Meinung nach nicht können. Und ich bitte Sie, genau das nun auch zu tun.

Denken Sie mal an Ihre schüchternen Momente. Was ist es, was Sie in diesen Momenten nicht können? Vielleicht können Sie jemanden nicht ansprechen, wenn er Ihnen gefällt? Oder Sie können die Person noch nicht einmal anlächeln? Vielleicht können Sie sich nicht selbst behaupten? Oder Sie können nicht vor anderen sprechen?

Ganz gleich, was es ist: Schreiben Sie es jetzt auf!

Ich kann nicht ...

________________________________________

________________________________________

Und wahrscheinlich haben Sie auch Gründe dafür. Und diese Gründe, das sind die Glaubenssätze: schlimme Dinge, die passieren werden, wenn Sie es doch versuchen.

Jetzt tun Sie Folgendes:

Verändern Sie den Satz ein kleines bisschen und machen Sie aus dem „kann" ein „will", sodass z. B. aus „Ich *kann* mich nicht selbst behaupten" ein „Ich *will* mich nicht selbst behaupten" wird. Oder aus „Ich *kann* niemanden anlächeln, der mir gefällt" ein „Ich *will* niemanden anlächeln, der mir gefällt".

Und nun – bitte seien Sie tapfer – fragen Sie sich doch mal ganz ehrlich, ob da nicht auch ein Fünkchen Wahrheit drinsteckt.

Wenn Sie beispielsweise gesunde Augen haben und dennoch keinen Blickkontakt erwidern „können", dann liegt es ja nicht an Ihrer Fähigkeit zu schauen, sondern daran, dass in Ihrem Kopf alle möglichen Gedanken unterwegs sind, die Ihnen sagen: „Mach das nicht." Und Sie *entscheiden* sich dafür, es nicht zu tun. Das ist der wichtige Punkt: Sie haben sich *entschieden*. Sie haben immer eine Wahl, nur wenn Ihnen die Möglichkeiten so erscheinen, dass es eben beispielsweise zu gefährlich wäre, dann entscheiden Sie sich für die „ungefährliche" Variante. Nicht, weil Sie nicht anders *können*, sondern weil Sie nicht anders *wollen* aus Angst vor dem, was passieren *könnte*.

Dieses kleine Spiel gilt für alles, bei dem es nicht um tatsächliches Unvermögen, wie beispielsweise die oben genannte Sehbehinderung, geht, sondern um eine Entscheidung, die Sie treffen. Was glauben Sie, was das für ein Spaß ist, wenn im Seminar die Teilnehmer herumgehen und den anderen Teilnehmern erzählen, was sie nicht wollen. Es gibt immer großes Gelächter, wenn z. B. eine Frau auf einen Mann zugeht und sagt: „Ich *will* nicht auf Männer zugehen." Oder ein Mann zu einer Frau sagt: „Ich *will* keine Frauen ansprechen!"

Es mag Ihnen im ersten Moment vielleicht albern vorkommen, aus einem *Kann* ein *Will* zu machen – aber Sie werden vermutlich merken, dass sich etwas in Ihnen sträubt, aufbäumt, dass Sie nach Rechtfertigungen suchen und Ähnliches. Das ist ein sehr, sehr gutes Zeichen. Es zeigt Ihnen, dass Ihr „Archivar" gerade ganz schön am Rotieren ist und Ihr Unterbewusstsein sich damit beschäftigen muss, ob die „Wahrheit", die Sie sich in den letzten Jahren immer wieder erzählt haben, doch vielleicht gar nicht so wahr ist, wie Sie dachten.

Es ist ein Prozess. Und er beginnt damit, dass Sie wahrnehmen, dass es Alternativen gibt – dass Sie eine Wahl haben. Sie fürchten vielleicht die möglichen Konsequenzen mancher Optionen. Und das ist in Ordnung. Aber Sie *haben* eine *Wahl*.

Machen Sie in den nächsten Tagen ganz gezielt und bewusst aus jedem „Ich *kann* nicht" ein „Ich *will* nicht" – auch wenn es Ihnen komisch vorkommt. Sie werden erstaunt sein über das, was dann passiert.

### Neue Beweise suchen

Jetzt können Sie auch damit beginnen, sich stückweise immer mehr Beweise für etwas Besseres, Hilfreicheres zu suchen. Allerdings ist es dabei wichtig, dass Sie realistisch bleiben.

Affirmationen beispielsweise sind positive Sätze, die Sie sich selbst sagen, um sich zu motivieren und Veränderungen anzuregen. Wenn Sie sich jedoch zum Beispiel 20 Mal am Morgen sagen: „Ich bin ein toller Mensch, und andere Menschen möchten mich gerne kennenlernen" und danach den Tag über in Gedanken hundert Mal: „Was bin ich doch für ein Idiot! Ich weiß doch, dass das nicht stimmt. Was soll das überhaupt? So ein Mist!" – dann wird jede noch so positive Affirmation keine positive Wirkung zeigen. Im Gegenteil.

Wenn Martin aus dem Beispiel oben jetzt versuchen würde, sich einzureden, dass er ein toller Hecht ist, würde das vermutlich nach hinten losgehen. Aber er könnte damit anfangen, Situationen zu suchen, wo Frauen ihm freundlich und interessiert begegnen und nett sind und sich das „notieren". Er könnte sich beispielsweise jeden Tag ein paar Mal sagen: „Du bist gar nicht so blöd, wie du dachtest, und es gibt eine Menge Menschen, die sehr viel hässlicher sind als du und die auch jemanden gefunden haben." Das wäre bereits eine kleine Verbesserung, und sie wäre für ihn glaubwürdig. Und so würde der Glaubenssatz, er sei hässlich und nicht gut genug, mehr und mehr an Glaubwürdigkeit verlieren. Er würde nicht mehr nach Beweisen dafür suchen. Ein paar Wochen später könnte er sich vielleicht sagen: „Du bist übrigens ziemlich intelligent und siehst nicht so schlimm aus. Du bist kein Model, aber doch eigentlich guter Durchschnitt." Vermutlich wäre auch das nach einiger Zeit glaubwürdig, und der alte Glaubenssatz vom Dumm- und Hässlichsein wäre nach wenigen Wochen nicht mehr da.

Genau das dürfen Sie für sich auch so anwenden:

- Was ist es, was Sie aktuell Negatives über sich selbst glauben?
- Was würden Sie lieber glauben?
- Und was wäre eine vorerst glaubwürdige Version davon?

Der „Trick" an diesen Methoden ist, dass Sie aufhören, gegen sich selbst zu kämpfen. Denn das tun Sie bisher vermutlich permanent – und das ist nicht sinnvoll, denn Sie schwächen sich dabei immer weiter.

Machen Sie sich klar, dass alles in Ihrem Leben mit Ihnen zu tun hat, mit dem, was Sie glauben: Wenn Sie denken, dass Sie etwas nie erreichen können, werden Sie es gar nicht erst probieren. Wenn Sie glauben, dass etwas für Sie schwierig ist, werden Sie so an die Sache herangehen, dass Ihnen die Leichtigkeit, der Schwung und der Optimismus abhandenkommen – und genau das würde doch aber so hilfreich sein. Sie haben viel mehr Einfluss auf das, was Ihnen „passiert“, als Sie glauben.

Aber glauben Sie mir bitte kein Wort! Sie wissen ja, wie das mit dem Glauben ist. Also probieren Sie es lieber aus, denn das sorgt für deutlich glaubwürdigere Resultate!

## Scham und Ängste

Scham ist bei vielen Menschen, die schüchtern sind, ein großes Thema. Oft wird sie gar nicht erkannt, weil die meisten Schüchternen ein so gutes Vermeidungsverhalten an den Tag legen, dass sie nicht bis zum bewusst wahrgenommenen Gefühl der Scham vordringen. Doch tatsächlich ist Scham in fast allen Fällen die Basis für Hemmungen und schüchternes Verhalten.

Ganz besonders deutlich wird das bei den Menschen, die nur in bestimmten Situationen schüchtern werden: Wer z. B. bei sexuellem Interesse an anderen schüchtern wird, hat fast immer einen Konflikt mit dem Thema Lust und Sexualität. Derjenige schämt sich dafür, dass er einen anderen begehrenswert findet, dass er Lust empfindet. Weil er nicht weiß, wie er mit der Situation umgehen soll oder weil er den anderen attraktiver findet als sich selbst und ihm das eigene „Angebot“ (sein Körper, sein Charakter etc.) im Vergleich zu dem des Gegenübers nicht gut genug erscheint.

Und genau das ist letztlich die Wurzel jeden Schamgefühls: die Angst, nicht gut genug zu sein. Der Gedanke: „Ich bin nicht in Ordnung, so wie ich bin“ oder „Ich bin falsch/schlecht/hässlich/dumm“.

## Ein Glaubenssatz mit Folgen

Das Gefühl „Ich bin nicht gut genug" ist an sich auch „nur" ein Glaubenssatz. Doch ein sehr starker, sozusagen der „dicke Macker", der mächtige Herrscher der Unterwelt, aller negativen Glaubenssätze. Denn die meisten Glaubenssätze haben ihn als Grundannahme und bauen darauf auf, und er ist auch einer der Hauptauslöser für Schüchternheit:

Die Angst, nicht gut genug zu sein, ist einer der zerstörerischsten negativen Glaubenssätze – und leider auch der am meisten verbreitete, und er erscheint in vielerlei Formen.

PRAXISBEISPIEL

### DIE UNWIDERLEGBARE WAHRHEIT

*Meine Klientin Katrin beispielsweise war sehr schüchtern, wenn es um die Wahrung ihrer Bedürfnisse und ihrer Grenzen ging. Sie hatte das Gefühl, dass sie sich immer alles erkämpfen musste. Und sie kämpfte gegen diesen Glaubenssatz „Ich muss mich immer anstrengen" – erfolglos. Das lag nicht nur daran, dass sie noch nicht wusste, dass sie nicht „gegen" den Glaubenssatz kämpfen konnte – wie Sie es gerade erfahren haben –, sondern auch daran, dass sie bisher den Grund verdrängt hatte, warum sie immer kämpfen musste. Im Coaching fanden wir heraus, dass in ihr die tiefe Angst steckte, nicht gut genug zu sein so, wie sie war: Sie war nicht liebenswert, deshalb musste sie immer etwas dafür tun, dass man sie mochte. Sie war nicht intelligent genug, deshalb musste sie sich bei der Arbeit immer besonders anstrengen. Sie war nicht gut genug ausgebildet, deshalb hatte sie immer Querelen mit Kollegen und Vorgesetzten. Und all das war für sie bis dahin ebenfalls harte, eindeutige Realität. Es wäre ihr nie in den Sinn gekommen, dass die Grundannahme, sie sei nicht gut genug, etwas ist, dass sie infrage stellen könnte. Für sie war es eine unwiderlegbare Wahrheit.*

PRAXISBEISPIEL

### SPIEGELUNG DER GEFÜHLE

*Mein Klient Stefan hatte Angst, dass er Frauen langweilte, denn er war ein ruhiger, introvertierter, eher häuslicher Typ. Und er hatte gelernt, dass man interessant, redselig und abenteuerlustig sein musste, um bei anderen gut anzukommen. Und so zwang er sich beständig, auszugehen, und versuchte, interessant zu wirken, doch er fühlte sich permanent unwohl dabei. Er merkte gar nicht, dass er sich selbst dazu verpflichtet hatte, anders sein zu müssen, um genug sein zu können. Was bei seinen Begegnungen allerdings im Vordergrund stand, war der Eindruck, dass er sich unwohl fühlte, und das spiegelten ihm seine Gesprächspartnerinnen: Sie begannen sich ihrerseits unwohl zu fühlen, und es kam nur selten zu einem zweiten oder gar dritten Treffen.*

## Die Angstepidemie

Seit ich als Coach arbeite (und das sind inzwischen über 15 Jahre), habe ich einen feinen Sinn bekommen für Menschen und ihre „Dämonen“: Ich merke den meisten sehr schnell an, was mit ihnen los ist. Sei es in dem, was sie sagen, oder in dem, was sie gerade nicht sagen – was ich in ihren Gesichtern und ihrer Körpersprache lesen oder einfach als eine Art „Schwingung“ spüren kann. Anfangs hat es mich überrascht, wie viele Menschen (und ich nehme mich da selbst nicht aus!) unter der Angst leiden, nicht gut genug zu sein, und für wie viele diese Angst der einzig relevante Antrieb in ihrem Leben ist. Ich fand es erschreckend, wie viele erfolgreiche Menschen in Wahrheit nicht angetrieben werden von einer großen Idee, der Liebe zu ihrem Beruf, ihrer Passion oder dem Spaß an der Sache, sondern stattdessen von der Angst, nicht gut genug zu sein. Und wie viele hochintelligente, erfolgreiche Menschen sich insgeheim wie Hochstapler fühlen, weil sie immer darum fürchten, dass ihr Erfolg keine zwingende Folge ihrer Taten, sondern eher so eine Art Zufall ist. Und sie werden stets von der Angst begleitet, eines Tages aufzufliegen und dass bemerkt wird, dass sie in Wahrheit nicht gut genug sind.

Die Angst, nicht zu genügen, scheint der Mehrheit der Menschen tief in den Knochen zu stecken und ist längst ein relevanter Wirtschaftsfaktor geworden: Vieles von dem, was uns zu Konsum treibt, basiert ebenfalls auf dieser Angst. Und so kaufen wir nicht mehr nur Cremes und Lotions, um erst Pickel, dann Rötungen, Müdigkeit und später „die ersten Zeichen der Hautalterung“ zu überdecken, oder Figur formende Unterwäsche. Mehr noch: Die meisten Marken setzen darauf, dass man sich durch das Präsentieren eines Logos erhöht – sich selbst mehr Wert und Status verleiht. Nach dem Motto: „Wer sich ein T-Shirt für 250 Euro leisten kann, der muss etwas wert sein.“ Doch letztlich ist das nur Glitzerlack auf einem maroden Untergrund: Es wirkt auf den ersten Blick eindrucksvoll, hält aber keiner näheren Betrachtung stand.

Kein Wunder, dass so viele Beziehungen kaum das erste Jahr überstehen: Wenn beide Partner bemerken, dass der andere selbst auch gar nicht so toll ist, wie man anfangs dachte, ist die Enttäuschung oft so groß, dass eine Trennung vorprogrammiert ist.

Doch wie kommt es, dass dieses Thema überhaupt erst entsteht? Und noch viel wichtiger: Was können Sie dagegen tun?

## Von der Angst, nicht gut genug zu sein

Die Angst oder das Gefühl, nicht gut genug sein zu können, zeigt sich typischerweise in diesen vier Formen:

1. **Kompetenz**
   Das Gefühl, dass Sie nicht gut genug sind in irgendeiner Tätigkeit oder Fähigkeit, die Sie glauben beherrschen zu müssen, z. B. Geld verdienen, beruflichen Erfolg haben, unterhaltsam sein können, in irgendwas „perfekt“ sein.

2. **Körper**
   Das Gefühl, dass Ihr Körper nicht gut genug ist: nicht schlank genug, nicht groß genug, nicht stark genug, nicht muskulös genug, nicht schön genug, nicht mehr jung genug.
3. **Identität**
   Das Gefühl, dass Sie irgendwie die „falsche Art von Person" sind: das falsche Geschlecht, eine schlechte Herkunft, eine falsche sexuelle Orientierung oder sogar eine falsche Persönlichkeit (z. B. bei introvertierten oder sehr sensiblen Menschen, die in der Kindheit oft gehört haben: „Sei nicht so …").
4. **Beziehungen**
   Das Gefühl von „nicht gut genug" auf der Beziehungsebene äußert sich in der Annahme „Ich werde nur geliebt, wenn …". Das kann sich dann auf Dinge aus den Punkten 1 bis 3 beziehen: „Wenn ich erfolgreich bin" (Kompetenz), „Wenn ich schlank bin" (Körper) oder „Wenn ich mich verändere" (Identität).

Bei Punkt 4 („Beziehungen") geht es also nicht nur um das generelle Nicht-gut-genug-Sein, sondern darum, dass Sie glauben, dass man Sie nur lieben und akzeptieren kann, wenn andere Bedingungen erfüllt sind. Das ist besonders tückisch, denn Sie halten sich in diesem Fall nicht nur für nicht gut genug, sondern auch für nicht liebenswert, *weil* Sie nicht gut genug sind.

Das Gefährliche an dem Punkt „Beziehungen" (Punkt 4) ist nicht die Bedingung selbst – also das, was Sie glauben sein zu müssen –, sondern das „Wenn": Erst wenn …, dann …

Sie haben quasi keine Erlaubnis, glücklich zu sein und sich gut zu fühlen, wenn die Bedingungen nicht erfüllt sind, und natürlich ist dieses „Wenn" unendlich dehnbar. Wer will schon mit Genauigkeit sagen können, wann „gut" wirklich gut genug ist?

## So entstehen Ängste

Der Ursprung dieser leidvollen Grundannahmen ist, wie Sie vielleicht schon erwartet hatten, in Ihrer Kindheit begründet. Sie sind das Ergebnis einer emotionalen Verletzung, die meist schon sehr früh in Ihrem Leben entstanden ist – ohne Ihre eigene Schuld.

Oftmals wurde sie von den Eltern (oder ähnlich nahestehenden Bezugspersonen) erzeugt. Manchmal sogar vollkommen unabsichtlich durch eine „falsche Motivationsstrategie". Eltern möchten, dass ihre Kinder möglichst gut „funktionieren": dass sie sich gut benehmen, sich in der Schule gut machen und möglichst wenig Ärger verursachen. Doch die Worte, die sie benutzen, um ihr Kind zu motivieren, sind häufig eher im Bereich der Kritik oder gar der Drohung zu finden. Auch wenn Eltern oder auch nur ein Elternteil mit dem Kind oder sogar mit dem eigenen Leben überfordert sind, entstehen daraus häufig schädliche Botschaften wie z. B. „Du bist schuld", „Nur deinetwegen ..." oder „Warum bist du nicht ...?". Sie können das Glaubenssystem des Nicht-gut-genug-Seins massiv prägen.

Die zweite häufige Ursache ist eine Art „Erbe": Wenn die Eltern unter ähnlichen Symptomen leiden – wenn sie selbst Angst haben, nicht gut genug zu sein, und das „Ich bin nicht in Ordnung" selbst vorleben, wird das von Kindern als Maßstab für das Leben und die Weltordnung an sich angesehen und imitiert. Fast immer haben Eltern unbeabsichtigt und ohne böse Absicht gehandelt: Sie können sich nicht vorstellen, dass Kinder alles, was sie sehen und hören, als absolute Wahrheit mitbekommen, im wahrsten Sinne des Wortes „für wahr nehmen" und aufgrund mangelnder Vergleiche als Basis ihres Wertesystems zugrunde legen. Sie haben oftmals nicht das Bewusstsein dafür, dass die Botschaft „Streng dich mehr an" für fast jedes Kind gleichbedeutend ist mit „Du bist nicht gut genug (oder sogar nicht liebenswert), so wie du bist" und dass Kinder in den ersten Jahren ihres Lebens alles um sie herum komplett auf sich beziehen und sich für den Verursacher von allem halten, was um sie herum geschieht. Der Schaden, den Eltern so bei ihren Kindern anrichten, wenn sie unbedacht Frust, Unmut, Enttäuschung, Zorn oder Leid äußern, ist ihnen keineswegs bewusst.

Doch auch wenn es unabsichtlich passiert ist und nicht, um den Kindern zu schaden, so hat es doch die Basis gebildet für Glaubenssätze, mit denen Sie sich selbst und die Welt definieren. Wenn diese nicht korrigiert wurden (und selten werden sie das), führt das dazu, dass Sie mit niedrigem Selbstwert, Ängsten, beständiger innerer Wut oder sogar Autoaggression (Sie schaden sich selbst – bewusst oder unbewusst) und Depression geschlagen sind, weil der Gedanke „Ich bin nicht gut genug" sich wie eine unabänderliche Wahrheit anfühlt, die Ihnen folgt wie ein Schatten.

Das muss aber nicht sein!

Und – falls Ihnen das noch nie jemand gesagt hat, lassen Sie es mich bitte nachholen: Das *sollte* auch nicht so sein. Das war nie so gedacht. Hier ist ein Fehler passiert. Ein schrecklicher Fehler. Es war nie gewollt, dass Sie aufwachsen und leben in der Angst, nicht gut genug zu sein, und dass dieser Gedanken Sie so lange und eindringlich begleitet und beeinflusst.

## Tatsachenprüfung

Sie können diesen Fehler korrigieren, und ich zeige Ihnen sehr gerne, wie das geht.

Sie können dieses Muster „Ich bin nicht gut genug", das dafür sorgt, dass Sie sich immer wieder schüchtern verhalten, in vielen „Tatsachen" erkennen, die für Sie wahr sind:

- die Tatsache, dass Sie immer und um alles kämpfen müssen;
- die Tatsache, dass andere Menschen Sie nicht im gleichen Maße zu schätzen oder zu lieben scheinen wie umgekehrt;
- die Tatsache, dass Ihre Bemühungen und Ihr Einsatz nicht anerkannt werden;

- die Tatsache, dass Sie es anderen oft nicht recht machen können;
- die Tatsache, dass Sie immer wieder abgelehnt werden.

Und ich schreibe mit Absicht „Tatsache", denn so kommt es Ihnen ja vermutlich vor: *„Das ist kein Glaubenssatz von mir, das ist so!"* Doch diese Tatsachen sind nur deshalb Tatsachen, weil Sie – meist ohne es bewusst zu bemerken – viel dafür tun, damit genau das geschieht. Und das, was Sie tun, erscheint Ihnen vollkommen plausibel und hat mit dem Glaubenssatz „Ich bin nicht gut genug" zu tun.

## Innere Verletzungen heilen

Der Schlüssel der nachhaltigen „Heilung" dieser „emotionalen Wunde" ist nicht, gegen Ihre negative innere Stimme zu kämpfen, sich möglichst klein zu machen oder Ihre Schmerzen mit Alkohol, Essen, Drogen, Medikamenten oder Perfektionismus zu besänftigen. Ich nenne Perfektionismus absichtlich in dieser Reihe, denn wie alle anderen ist er ein Mittel, um die innere Stimme zum Schweigen zu bringen, die einem einflüstern will, nicht gut genug zu sein: *„Wenn ich mich nur richtig doll bemühe und es perfekt kann und mache, dann werde ich endlich gut genug sein, und mein innerer Kritiker wird verstummen."* Und genau wie die anderen Mittel funktioniert auch dieses kaum. Es lindert für eine gewisse Zeit die Symptome – aber die Wunde bleibt. Und sie schmerzt.

Anstatt diese Stimme also zu bekämpfen oder zu unterdrücken, geht es darum, ihre Quelle zu finden und etwas anderes mit ihr zu tun.

Die negative Kritik, die Sie als Kind empfunden haben, zeigte Ihnen, dass ein Teil von Ihnen, ein Verhalten, ein Charakterzug, Ihre Unschuld, Ihre Neugier oder Ihr ganzes Dasein von anderen nicht akzeptiert wurde. Die Botschaft, die Sie verstanden haben, war: „Dieser Teil von dir ist nicht in Ordnung" bzw. „Du bist nicht in Ordnung, wenn du so bist". Genau das ist es, was letztlich die Basis für Ihre Schüchternheit bildete.

Durch diese „Verletzung“ wurde ein echter, authentischer Teil Ihrer Persönlichkeit von Ihnen „abgeschnitten“. Sie haben, um akzeptiert zu werden, etwas von sich selbst abgetrennt, verleugnet und versteckt. Und bis heute versuchen Sie sich immer wieder davor zu schützen, dass dies erneut passieren könnte: dass Sie abgelehnt werden für etwas, das Sie sind und das möglicherweise nicht jedem gefällt. Und wie bei den meisten Menschen ist Ihre Strategie vermutlich, möglichst viel von Ihnen, von Ihrem authentischen Selbst zu verstecken. Sich zu verstecken. Herausforderungen und damit möglichen „Entblößungen“ aus dem Weg zu gehen. Mit anderen Worten: schüchtern zu sein. Doch das ist genau der falsche Weg – es gibt einen so viel besseren!

## Der sprichwörtliche „wunde Punkt“

Gegen die Verletzung selbst können wir heute nichts mehr tun – die ist passiert. Es ist nicht möglich, dass Sie in Ihre Vergangenheit reisen, Ihr jüngeres Ich zur Seite nehmen und es „vorwarnen“, dass das, was gleich passiert, keine Bedeutung hat und Sie gar nicht gemeint sind, sodass es nicht diesen verletzenden Effekt hat und Sie nicht Teile Ihres Wesen abspalten und verstecken müssen, sondern sich stattdessen weiterhin frei entfalten und bewegen dürfen. Egal wie oft Sie darüber nachdenken und wie klar Ihnen ist, was passiert ist. Die Verletzung hat stattgefunden und den berühmten „wunden Punkt“ verursacht.

Was Sie jedoch tun können, ist, den Teil von sich wiederzufinden, der durch diese Verletzung von Ihnen „abgetrennt“ wurde. Es ist dieser „verlorene“ bzw. „verstoßene“ Teil von Ihnen, der seit Jahren schreit und zappelt, der Sie verfolgt, weil er gesehen und gehört werden will. Nicht um Sie zu verletzen, sondern weil er in Wahrheit leidet: Er ist ein Teil von Ihnen – und wenn er leidet, dann leiden Sie auch!

Gerade wenn Ihre Schüchternheit durch eine solche Verletzung entstanden ist, ist es umso wichtiger, diesen Teil zurückzugewinnen. Es kann gut sein, dass Sie bei dem Gedanken daran als Erstes starken Widerstand spüren, schließlich hat er in Ihrer Wahrnehmung nichts als Ärger verursacht. Die Angst, nicht gut genug zu sein bzw. nicht akzeptiert zu werden, ist der Grundgedanke, der in seiner Konsequenz Schüchternheit verursacht. Manchmal ist dieser Grundgedanke so gut in die Persönlichkeit „integriert“, dass er gar nicht mehr auffällt. Wenn Sie ein grundsätzlich zurückhaltender, eher introvertierter Mensch sind, kann es sein, dass Sie sogar davon überzeugt sind, dass es da gar nichts gibt.

Ich möchte Ihnen daher zunächst einmal ein paar Auswirkungen und Folgen zeigen. Vielleicht kommen Ihnen diese bekannt vor – und danach können Sie sich überlegen, ob Sie mir in diesem Abschnitt probehalber folgen möchten. Dies ist schließlich nur ein Buch und Sie können alles ausprobieren, was ich Ihnen vorschlage – wenn Ihnen die Folgen und Erfahrungen nicht gefallen, können Sie es ja wieder anders machen.

Stellen wir uns einmal vor, eine solche emotionale Verletzung wäre wie eine echte Verletzung: eine Wunde. Man sagt ja nicht umsonst „wunder Punkt“ dazu. Und was macht man, wenn man eine Wunde hat?

In der Regel gibt es zwei Dinge, die wir alle tun, wenn wir uns verletzt haben und mit einer offenen Wunde durch die Gegend laufen:

1. den „wunden Punkt“ schützen – nicht dass da noch einer Salz reinstreut – und
2. versuchen, den Schmerz zu lindern oder wenigstens zu betäuben.

Und genau das machen wir mit emotionalen Wunden auch.

## Wie wir den wunden Punkt schützen

Bei emotionalen Wunden gibt es unterschiedliche Schutzmechanismen, und ich bin sicher, Sie werden einige davon direkt wiedererkennen:

1. **Sich kleinmachen:** möglichst unauffällig und leise sein. Wenn niemand Sie bemerkt, dann wird man Ihnen nicht wehtun. Wenn Sie schüchtern sind, ist das vermutlich Ihre Lieblingsstrategie.
2. **Sich großmachen:** eine möglichst große Klappe haben und sich angriffslustig zeigen. Wenn man sich möglichst groß oder sogar arrogant gibt, wird es niemand wagen, Ihnen wehzutun. Interessanterweise leiden Menschen, die sich eher kleinmachen, oft unter denen, die sich großmachen. Sie wären vermutlich nie auf die Idee gekommen, dass Sie und der Angeber dasselbe Grundproblem haben, oder?
3. **Geld, Erfolg und Prestige:** Wenn Sie reich und erfolgreich sind, einen guten Job oder sogar einen Titel haben, werden Sie „gut genug“ sein, und die Wunde wird heilen oder zumindest wird niemand mehr denken, dass irgendwas mit Ihnen nicht stimmt.
4. **Perfektionismus:** Wenn Sie immer alles richtig und richtig gut machen, werden Sie keine weitere Angriffsfläche bieten.
5. **Lieb sein:** Wenn Sie immer ganz lieb sind, hilfsbereit, verständnisvoll und kompromissbereit, dann wird man Sie akzeptieren und Ihnen nicht mehr wehtun.
6. **Distanz aufbauen:** Wenn Sie unnahbar sind, nichts über sich preisgeben, wenn Sie quasi nicht greifbar und glatt sind wie ein Aal, wenn man Ihnen gar nicht näherkommen kann, kann niemand Sie verletzen.
7. **Harte Schale und Stacheln:** Wenn Sie „ruppig“ sind, sich emotionslos, sarkastisch und zynisch zeigen oder sogar schnell ärgerlich und zornig werden, dann wird niemand es wagen, Ihnen näherzukommen, und Sie können nicht weiter verletzt werden.

Na, erkennen Sie sich in einem – oder sogar mehreren – dieser sieben Schutzmechanismen wieder?

Vielleicht haben Sie auch bemerkt, dass nicht jede dieser „Strategien“ zwangsläufig in die Schüchternheit führt – jeder Mensch hat seine eigene Art, damit umzugehen. Doch am Ende ist die Ursache stets dieselbe: eine emotionale Wunde.

Und vermutlich, wenn Sie darüber nachdenken, erkennen Sie auch viele Menschen aus Ihrer Umgebung in diesen Schutzmechanismen, stimmt's?

## Wie wir den Schmerz betäuben

Der zweite Reflex bei einer Wunde ist, dass wir den Schmerz möglichst nicht spüren möchten. Es soll nicht so wehtun. Gerade wenn man nicht weiß, wie man die Wunde heilen kann (oder vielleicht sogar glaubt, dass es nicht möglich ist), ist Schmerzlinderung das Allerwichtigste.

Wie lindern wir emotionale Schmerzen?

Auch hier gibt es sieben sehr häufige Mittel. Welche davon sind Ihre?

1. **Alkohol und Drogen:** Dies sind sehr verbreitete Betäubungsmittel. Ich zähle auch Psychopharmaka zu dieser Gruppe. Alles was Sie einnehmen können, das Sie sprichwörtlich betäubt oder durch eine Substanz Ihre Gefühle und Empfindungen verändert, zählt zu dieser Gruppe. Egal ob es das Gläschen Wein zum Feierabend, eine „Line Koks“ zum Aufputschen oder ein Antidepressivum ist.
2. **Essen:** Hier gibt es mehrere Varianten. Die einen schlucken ihren Ärger und ihre Gefühle herunter und fressen sie in sich hinein. Dabei ist es wichtig, dass sie etwas zu kauen haben und sich dabei noch ein sprichwörtlich „dickes Fell“ zulegen – gerne mit nächtlichen Fressattacken am offenen Kühlschrank. Und es gibt die andere Fraktion, die sich mit Essen belohnt, sei es mit Süßigkeiten, Kuchen, Schokolade oder Schweinebraten. Und dann ist da noch die Gourmetfraktion, bei der es exquisite, außergewöhnliche und kostspielige Delikatessen für das gute Gefühl sein müssen.

3. **Workaholismus:** Ein Sich-in-die-Arbeit-Stürzen ist ebenfalls eine sehr bekannte Methode: Je mehr man arbeitet, umso mehr ist man abgelenkt und kommt nicht auf die Idee, über sich selbst nachzudenken.
4. **Sex:** wird ebenfalls von vielen benutzt, um sich wenigstens kurzfristig besser zu fühlen. Dies ist vermutlich der Hauptantrieb vieler sogenannter Pick-up-Artists: von Männern, deren Selbstvertrauen meist durch emotionale Verletzungen durch ihre Mutter so angegriffen ist, dass sie ihren Schmerz durch möglichst viel emotionslosen Sex mit Frauen betäuben wollen. Ähnliches gibt es auch bei Frauen, die sich sofort sexuell zu jedem Mann hingezogen fühlen, der ihnen ein Quäntchen Aufmerksamkeit schenkt. Die andere Variante davon ist Pornosucht. Sie bietet Ablenkung im Voyeurismus und kurzfristige Linderung durch lustvolle Gefühle beim Masturbieren.
5. **Beziehungen:** Ähnlich wie beim Workaholismus, wo man sich in die Arbeit stürzt, gibt es Menschen, die sich von einer Beziehung in die nächste stürzen. Sie sind kaum einmal zwei Wochen allein, schon sind sie neu verliebt. Hier geht es fast immer um die Angst, mit sich selbst allein zu sein.
6. **Helfersyndrom:** Sich hilfreich für andere zu fühlen, denen es vermeintlich noch schlechter geht, lenkt ebenfalls sehr gut vom eigenen Schmerz ab.
7. **Jegliche Form von Sucht, die Ablenkung bietet:** Spielsucht, Sportsucht, Pornosucht, Kaufsucht, übermäßiger Konsum von Internet, sozialen Plattformen oder Fernsehen.

Bestimmt kommt Ihnen auch hier das ein oder andere bekannt vor. Und das ist ja auch vollkommen legitim: Niemand leidet gerne – also suchen wir Linderung oder Ablenkung. Das ist nichts grundsätzlich Schlechtes! Fragen Sie sich nur: Was ist der Preis, den Sie dafür zahlen, sich so zu schützen? Was kostet es Sie, sich immer wieder abzulenken oder zu betäuben? Ist es das wirklich wert? Funktioniert das?

Seien Sie ehrlich zu sich selbst: Was sind Ihre persönlichen Strategien?

Ich versuche, mich zu schützen, ...
- ☐ indem ich mich kleinmache
- ☐ indem ich mich großmache
- ☐ durch Geld, Erfolg, Prestige
- ☐ durch Perfektionismus
- ☐ durch Liebsein
- ☐ indem ich Distanz aufbaue durch Unnahbarkeit
- ☐ indem ich Distanz aufbaue durch Ruppigkeit

Ich betreibe Schmerzbetäubung/-beruhigung
- ☐ durch Alkohol
- ☐ durch Drogen
- ☐ durch Essen
- ☐ durch Workaholismus
- ☐ durch Sex
- ☐ durch Pornos
- ☐ durch Beziehungen
- ☐ durch das Helfersyndrom
- ☐ durch Spielsucht
- ☐ durch Sportsucht
- ☐ durch Kaufsucht
- ☐ durch Internetkonsum
- ☐ durch Fernsehkonsum
- ☐ durch anderes: ___________________________

Wo führt Sie das auf lange Sicht hin, wenn Sie das so beibehalten? Was wird passieren, wenn Sie damit weitermachen? Und was wird nicht passieren?

Möglicherweise haben Sie dazu ein paar Gedanken. Und wenn Sie mögen, schauen Sie sich die Alternativen an, die ich Ihnen anbiete. Vielleicht gefallen Sie Ihnen ja sogar.

### Erkennen Sie das Missverständnis

Meistens sind die Eltern oder enge Bezugspersonen in Ihrer Kindheit diejenigen, die diese emotionalen Verletzungen und damit die Scham und die Angst, nicht gut genug zu sein, verursachen. Und wie eingangs bereits erwähnt, passiert dies meist ohne Absicht oder bösen Willen. Dennoch haben Sie gelernt: „Ich darf so nicht sein" oder „Ich bin nicht okay".

Vielleicht haben Sie tatsächlich einmal irgendwas getan oder gesagt, das „nicht okay" war. Vielleicht war eine Kritik an Ihnen sogar berechtigt. Doch das ist völlig unerheblich, denn das Problem liegt in einem ganz anderen Punkt: in einem Missverständnis.

Es gibt einen wichtigen Unterschied zwischen „Schuld" und „Scham": Ein Gefühl von Schuld entsteht, wenn wir glauben, dass das, was wir getan haben, nicht okay war. Wenn wir also jemandem Schaden zugefügt haben, dann ist es legitim, dass wir uns schuldig fühlen. Bei der Scham allerdings ist es nicht das „Tun", sondern das „Sein" – also nicht „Was ich getan habe, ist nicht okay", sondern „Was ich bin, ist nicht okay". Das hat viel fatalere Auswirkungen auf uns – genau hier ist die Wurzel der Schüchternheit zu finden.

Die Folge dieses Missverständnisses ist nämlich unabdingbar ein weiteres: Durch die Beschämung entsteht der Eindruck, nicht geliebt zu werden, nicht liebenswert zu sein so, wie man ist. Die Schlussfolgerung ist: „Meine Eltern lieben mich nur, *wenn* ich mich verändere/anpasse/nicht mehr ich selbst bin." Es gibt also plötzlich eine „*Bedingung*" für das Geliebtwerden – und das ist das größte und unheilvollste Missverständnis in diesen Erfahrungen.

Ich habe in den letzten Jahren sehr häufig diese Sätze von meinen Klienten gehört:

- Ich wurde nicht geliebt.
- Ich habe zu Hause keine Liebe bekommen.
- Ich wurde nur geliebt, wenn ...

In der letzten Formulierung spiegelt sich klar die Bedingung, die Sie empfunden haben: Nur wenn ich bestimmte Dinge getan oder erreicht habe, erhielt ich Zuwendung, Lob, Aufmerksamkeit. Und damit entsteht die beständige Angst, etwas falsch zu machen und „unannehmbar“ zu sein.

In den ersten beiden Formulierungen steckt auch eine Bedingung des Menschen, der es ausspricht: Hier haben die Eltern Ihre Bedingungen für das Sich-geliebt-Fühlen nicht erfüllen können. Die Art, wie Ihre Eltern in der Lage waren, ihre Liebe zu zeigen, hat nicht dazu geführt, dass Sie sich geliebt fühlen konnten.

Beides ist ein Missverständnis: Denn es ist nicht wahr, dass Ihre Eltern Sie gar nicht oder nur unter bestimmten Bedingungen geliebt haben. Sie waren (und sind) vermutlich nur einfach sehr, sehr schlecht darin, das zu zeigen, oder sie zeigen es auf eine Art, in der Sie keine Liebe erkennen können. Aber: Ihre Eltern haben Sie geliebt. Und zwar immer und bedingungslos.

Und genau wie so mancher meiner Klienten, wird nun auch so mancher Leser bitter das Gesicht verziehen, denn er ist sich sicher, dass ihn seine Eltern – oder wenigstens einer der beiden – garantiert nicht geliebt haben.

Viele Klienten erzählen mir, dass bei ihnen zu Hause emotionale Kälte herrschte und nur Leistung geachtet wurde. Sie sind sicher, dass ihre Eltern gar nicht fähig waren, ihre Kinder zu lieben. Andere berichten davon, dass sie immer das Gefühl hatten, dass sie „nicht so wichtig“ sind, ihre Eltern immer mit anderen Dingen beschäftigt waren und nur selten Zuwendung und echtes Interesse zeigten. Es scheint, als hätten tatsächlich viele Menschen „Beweise“ dafür, dass sie von ihren Eltern nicht oder nur selten geliebt wurden.

### Doch, Sie werden geliebt!

Wenn Sie das auch nur ansatzweise so empfinden, stellen Sie sich bitte einmal folgendes Szenario vor:

Sie werden zusammen mit Ihren Eltern von Terroristen entführt, und der Entführer will einen von Ihnen erschießen. Er wählt Sie.

Glauben Sie wirklich, Ihre Eltern werden zulassen, dass er Sie erschießt? Vielleicht weil Sie keinen Doktortitel erworben haben oder noch nicht verheiratet oder schon geschieden sind? Werden Ihre Eltern zulassen, dass man Sie tötet, weil Sie nicht „gut genug", nicht liebenswert, nicht interessant oder nicht leistungsfähig genug sind?

Selbst der starrsinnigste Vater und die kritischste Mutter werden den Bösen anflehen, Sie zu verschonen und lieber einen von ihnen zu nehmen. Sie würden Sie mit ihrem Leben verteidigen – weil sie Sie lieben. Weil ihre Liebe zu Ihnen eben nicht an die „Bedingungen" geknüpft ist, die sie immer wieder zu stellen scheinen.

Und auch hier gibt es Menschen, die sicher sind, ihre Eltern – oder zumindest einer von beiden – würde sich in dieser Situation einen Dreck um sie scheren. Denn wenn Eltern ihr Kind doch angeblich immer bedingungslos lieben, wie kann es dann sein, dass sie es verletzen, überfordern, anschreien, kritisieren oder sogar ablehnen, im Stich lassen, schlagen oder missbrauchen?

Eine gute und wichtige Frage – und eine Antwort: Ein Kind ist ein „Produkt" zweier Menschen. Es ist gewissermaßen eine Art Verlängerung der beiden Erwachsenen, die es gezeugt haben. Kinder gehören (zu) einem: mein Sohn/meine Tochter. Man sieht sich selbst und den Partner in seinen Kindern.

Fast alle Erwachsenen, besonders die aus der Kriegs- und der Nachkriegsgeneration, haben selbst sehr starke Traumata erlitten. Die emotionalen Verletzungen, die sie mit sich herumtragen, sind teilweise so stark, dass sie regelrechten Verstümmelungen der Persönlichkeit gleichen. So hat auch jedes Elternteil – abgesehen von der Liebe zu Ihnen – in seinem eigenen Kopf eine negative Stimme, die ihm ständig sagt, er sei nicht gut genug.

### Das „Theater" erkennen

Was passiert, wenn Ihr Vater oder Ihre Mutter Sie – ihr Produkt, ihre Verlängerung, ihr Abbild – betrachten? Sie sehen in Ihrer „Unvollkommenheit" ihre eigene. Sie sehen nicht Sie, *sie sehen sich*. Sie sehen in Ihren „Fehlern" ihre vermeintlichen Fehler: Wenn Sie etwas falsch machen, das Ihre Eltern aus ihrer Sicht bereits falsch gemacht haben, dann *müssen* sie diesen schrecklichen Fehler wenigstens an Ihnen korrigieren. Wenn Sie etwas erreichen könnten, was Ihre Eltern nicht erreicht haben, dann *müssen Sie* das unter allen Umständen erreichen. Ihre Eltern leiden unter denselben Dingen, unter denen Sie heute leiden – nur vermutlich noch viel stärker.

Sicher haben Sie in der Liste der Schutzmechanismen und Betäubung auch das gefunden, was Ihre Eltern tun oder getan haben. Nicht nur mit Ihnen, sondern auch miteinander: Schutzwälle aus Unnahbarkeit, Ärger, Jähzorn oder ein Sichklein- oder -großmachen: Das sind Dinge, die viele von uns von ihren Eltern kennen und bei denen sie niemals auf die Idee gekommen wären, dass diese vermeintlichen „Wesenszüge" letztlich nur Verhaltensweisen sind, die das Bedürfnis nach Schutz aus Angst und Verletztheit ausdrücken.

Wenn Ihre Eltern also negativ mit Ihnen sprechen oder gesprochen haben, dann meinten sie nicht Sie – sie meinten sich selbst. Sie haben genau so mit Ihnen gesprochen, wie sie jeden Tag, jede Stunde, immer wieder, ihr ganzes Leben lang schon mit sich selbst sprechen. Es ist ihre eigene innere Stimme, die sich nach außen wendet – sie haben es auch so gelernt. Sie haben *das* mit Ihnen gemacht, was sie mit sich selbst machen.

Ich werde Sie nicht bitten, ihnen das zu verzeihen oder Mitleid mit Ihren Eltern zu haben – ich möchte nur, dass Sie es erkennen können.

Können Sie sich an manches erinnern, was Ihre Eltern (oder andere, wichtige, verletzende Erwachsene) zu Ihnen gesagt haben? Machen Sie aus jedem „Du“ ein „Ich“, und es wird ein Schuh daraus.

Das große Missverständnis ist, dass wir glauben, unsere Eltern setzen uns unter Druck und behandeln uns so, damit wir all das tun, was wir tun sollen, um „gut genug“ für sie zu sein. Und wir glauben, wir werden nur geliebt von ihnen, wenn wir das tun. Aber tatsächlich werden wir immer geliebt. Es entspricht nicht der Wahrheit, dass Sie Bedingungen erfüllen müssen, damit Ihre Eltern Sie lieben.

Ihre Eltern wissen vermutlich einfach nicht, wie man liebevoll spricht, weil sie mit sich selbst nie liebevoll gesprochen haben. Und das liegt meistens daran, dass niemals jemand mit Ihren Eltern liebevoll gesprochen hat.

### Blind vor eigenem Schmerz

Bei Eltern, die ihr Kind wirklich „fertigmachen“ oder ablehnen, ist das ein Zeichen für die Schwere ihrer eigenen Verletztheit und ihrer eigenen Scham: Sie sind *so stark belastet und verwundet*, dass sie in ihrem eigenen Schmerz nicht fähig sind, Liebe zu zeigen oder Nähe zuzulassen. Der Schmerz ist so stark, dass er besinnungslos macht – so wie ein Tier, das stark verwundet ist, in blindem Schmerz das eigene Kind tottrampelt, gibt es auch Menschen, die so stark traumatisiert sind, dass sie nicht in der Lage sind, ihren Kindern Eltern zu sein. Sie sind selbst verwundete Kinder mit großen seelischen Verletzungen.

Wenn Eltern ihr Kind verlassen, dann häufig, weil das Gefühl ihrer eigenen Unfähigkeit so groß ist, dass sie glauben, es nicht durchstehen zu können, für einen Menschen Verantwortung zu tragen.

Weil sie sich selbst für so schlecht halten, dass sie noch nicht einmal für sich selbst die Verantwortung tragen können.

Das ist keine Entschuldigung, nur eine Erklärung: Es hatte nie etwas mit Ihnen zu tun, und auch Ihre Eltern haben das nicht gewählt – es wurde ihnen ebenfalls zugefügt.

Und es wird Zeit, dass endlich jemand diese unsägliche Serie beendet!

## Beenden Sie die Leidensgeschichte

Sie müssen keinerlei Bedingungen erfüllen, um geliebt zu werden oder liebenswert zu sein. Sie müssen auch keine Angst haben, die Liebe Ihrer Eltern zu verlieren – Sie sind geliebt. Bedingungslos.

Selbst wenn Ihre Eltern gesagt haben, Sie hätten eigentlich nicht geboren werden sollen, oder sie wünschten, dass Sie nicht existierten: Sie haben das nicht gesagt, weil sie Ihnen klarmachen wollten, dass Sie keine Existenzberechtigung hätten. Sie haben damit nur ausgedrückt, wie überfordert sie selbst mit ihrem Leben und mit der Verantwortung sind. Wie sehr sie darunter leiden, Ihnen nicht gerecht werden zu können. Wie sehr sie sich als Opfer ihrer eigenen schlechten Verfassung und ihrer eigenen Traumata fühlen.

Alle negativen Dinge, die Ihre Eltern jemals zu Ihnen gesagt haben, entspringen der Scham und dem Schmerz der eigenen emotionalen Verwundung, die Ihre Eltern in sich tragen.

Vielleicht mögen Sie das erst mal „sacken lassen“.

### Von der Erkenntnis zur Veränderung

Sie wissen jetzt, wie ein Großteil Ihrer Hemmungen und Ihres negativen inneren Monologs entstanden ist, der Ihre Schüchternheit verursacht, und welche Missverständnisse dazu geführt haben, dass Sie sich falsch und ungeliebt gefühlt haben. Sie haben auch erkannt, mit welchen Methoden Sie bisher versucht haben, sich zu schützen und zu betäuben – und vermutlich haben Sie auch die Muster Ihrer Eltern erkannt.

Die Wunde selbst ist da. Und auch wenn Sie die Beweggründe und Ursachen jetzt besser verstehen – es ist geschehen. Und das ist nicht zu leugnen.

Als es geschehen ist, ist Folgendes passiert: Dieser Teil von Ihnen, der das „Problem“ verursacht hat, dieser Teil von Ihnen, der „nicht okay“ war, der musste weg. Und je größer dieser Teil war, umso mehr von Ihnen musste weg. So drückt sich bei jedem Menschen der Grad an Schüchternheit dadurch aus, wie viel von sich selbst versteckt werden muss, nicht gesehen werden soll – weil es angeblich nicht okay ist.

Vielleicht kennen Sie bereits Ansätze wie die Arbeit mit dem „inneren Kind“ oder dem „inneren Kritiker“, die ich Ihnen in den nachfolgenden Kapiteln ebenfalls vorstellen werde. Doch Sie können sich vielleicht auch vorstellen, dass es in Ihnen eine ganze Menge weiterer Persönlichkeitsanteile gibt.

Wenn ich mit meinen Klienten darüber spreche, welche Facetten ihre Persönlichkeit hat, bemerken sie immer wieder, dass es da eine ganze Reihe von verschiedenen Anteilen gibt, die oft in verschiedenen Lebensphasen entstanden sind, und manche davon „leiten“ in bestimmten Lebensbereichen und geben den Ton an. Der Psychologe Friedemann Schulz von Thun hat diese Erkenntnis als „inneres Team“ bezeichnet.

## Das innere Team

Vielleicht bemerken Sie ab und zu, dass in bestimmten Situationen in Ihrem Inneren ein regelrechter Disput herrscht. Da gibt es nicht nur Engelchen und Teufelchen, sondern noch eine ganze Menge

Meinungen mehr, fast wie in einer Fußballmannschaft, in einem Parlament oder wie in einer Firma. Denn auch da gibt es Abteilungen oder Mitarbeiter, die sich nicht mögen oder die nicht verstehen, was der andere will – aber dennoch werden am Ende alle gebraucht, um das Team, die Regierung oder eben die Firma am Laufen zu halten.

Und da gab es diesen einen, der mal Ärger verursacht hat. Nun können Sie jedoch Ihre „inneren Mitarbeiter" nicht entlassen, denn die haben alle einen Vertrag auf Lebenszeit. Doch wenn es so wirkt, als ob bestimmte Mitarbeiter dem Ansehen der Firma schaden, werden die in irgendeinen dunklen Aktenkeller gesperrt, wo man sie nicht mehr sehen und hören kann. Vermutlich ist es Ihnen peinlich, dass dieser Knilch überhaupt zum Team gehört hat ...

Ich hoffe, Sie können mit diesem Vergleich etwas anfangen. Dieser „Knilch" ist der Anteil von Ihnen, der in Ihrer Kindheit nicht akzeptiert wurde. Der, der nicht sein durfte, wie er war. Der, der peinlich war. Der dumm war. Oder der lächerlich war.

### Das Wesen Ihrer Schüchternheit

Je schüchterner Sie sind, umso mehr sind Sie dem Glauben erlegen, dass vieles an Ihnen nicht in Ordnung ist – dass Sie nicht in Ordnung sind, wie Sie sind – und sich deshalb verbergen müssen. Sie zeigen so wenig wie möglich von sich und warten sehr, sehr lange, bis Sie irgendjemandem überhaupt irgendetwas von sich zeigen, da Sie glauben, dass dies der einzige Weg ist, akzeptiert oder wenigstens nicht verletzt und abgelehnt zu werden. Dies ist im Grunde die Beschreibung klassischer Schüchternheit.

Doch das ist ein Irrglaube. Es ist nur – je schüchterner Sie sind – vermutlich ziemlich unglaublich für Sie, dass auch der versteckte Teil von Ihnen liebenswert sein könnte und gar nicht versteckt werden muss. Das ist verständlich. Es wird also Zeit, das Team wieder zu komplettieren und der Mensch zu werden, der Sie tatsächlich sind. Denn so seltsam Ihnen das vielleicht erscheint: Gerade der Teil von

Ihnen, den Sie seit Jahren oder vielleicht sogar Jahrzehnten versuchen zu verbergen und zu verdrängen, das ist der vermutlich liebenswerteste und einzigartigste Teil Ihres Selbst.

### Kommen Sie sich selbst auf die Spur

Vielleicht war es der Teil, der viel tagträumte? Ein Talent, das später einmal viele Menschen zu großartigen Kreativen und Visionären macht – aber Ihre Familie war nicht bereit für einen Visionär. Das ist nicht Ihre Schuld!

Vielleicht war es der Teil, der eher extrovertiert war – und ruhiger sein sollte. Oder der, der eher introvertiert war und endlich mal etwas sagen sollte? Vielleicht war es der Teil, der sensibel war und sich „nicht so anstellen" sollte?

Oder war es der Teil, der musikalisch war und endlich Hausaufgaben machen sollte, anstatt immer Musik zu hören, zu singen oder zu tanzen?

Vielleicht ist es der Teil von Ihnen, der das Bedürfnis nach Anteilnahme und Aufmerksamkeit hatte und nicht so viele Ansprüche haben sollte?

Was ist es, das Sie verstecken, verdrängen und nicht mehr sind?

Vielleicht ist es anfangs gar nicht so leicht, auf die Antwort zu kommen, schließlich haben Sie diesen Teil, diesen „Mitarbeiter", ja schon seit Langem sehr gut versteckt, sogar vor Ihnen selbst.

Um ihm auf die Spur zu kommen, könnten Sie sich zum Beispiel fragen:

- Welchen Teil von mir hasse ich am meisten?
- Was an mir ist mir sogar vor mir selbst peinlich?
- Wofür würden andere mich sicherlich ablehnen oder mobben, wenn sie es erführen?

Denn wenn Ihnen dazu etwas einfällt, sind das wahrscheinlich die Anteile, die Sie verbergen, abgetrennt und „weggesperrt“ haben.

Wenn Sie glauben, dass Sie vielleicht Ihre Kreativität oder Ihren Mut oder Ihre Leichtigkeit verloren haben, wenn Sie denken, es sei Ihre Selbstliebe, die Sie nicht mehr haben – *das sind nicht die Anteile!* Dass Ihnen diese Dinge fehlen, sind nur die *Folgen* davon, dass Sie Anteile von sich abgetrennt haben.

Es kann durchaus sein, dass Sie nicht glauben können, dass ausgerechnet dieser Teil der Schlüssel zum Gut-genug-Sein sein soll. Dieser peinliche, unfähige, dumme, schlechte Teil. Denn der Rest von Ihnen hat vielleicht Bezeichnungen für diesen Teil, die nicht besonders schmeichelhaft sind: Er könnte zum Beispiel unter Begrifflichkeiten wie Faulheit, Dummheit, Verrücktheit oder Selbstüberschätzung auftauchen. Es ist der „Nerd“ in Ihnen oder der „Freak“.

Es kann erst einmal so wirken, als wenn es gut ist, dass Sie diesen Teil los sind – aber Sie sind ihn ja eben nicht los! Das ist es, was keiner über Sie wissen darf, das ist die Hauptquelle für Ihre Scham und Ihre Hemmungen.

Und wenn Sie es entdeckt haben, was machen Sie jetzt damit?

### Realitätsabgleich in der Gegenwart

Zunächst einmal gewöhnen Sie sich an den Gedanken, dass dieser Teil von Ihnen richtig und wichtig ist. Und egal, was Sie in Ihrer Vergangenheit über ihn gehört haben: *Es ist nicht wahr!* Sie selbst müssen damit beginnen, diesen Teil Ihres Selbst anzunehmen. Ihn zu verstecken und zu versuchen, jemand anders zu sein oder sich zu schützen, hat nicht funktioniert. Wenn Sie damit beginnen, all Ihre Persönlichkeitsanteile anzunehmen, werden Sie noch viele andere Menschen finden, die das auch tun werden. Dieser Teil von Ihnen ist nicht peinlich, nicht schrecklich, nicht falsch.

Beginnen Sie damit, Sie selbst zu sein, und Sie werden feststellen, nicht jeder wird Sie mögen, wie Sie sind. Und das ist gut so, denn mal ehrlich: Sie mögen schließlich auch nicht jeden, oder?

Alle Menschen, die ich kennengelernt habe, wünschen sich im Grunde nichts anderes, als geliebt zu werden, wie sie sind. *Doch die wenigsten sind so, wie sie tatsächlich sind.* Und das Missverständnis ist dann, dass sie versuchen, sich so hinzubiegen, dass sie nicht abgelehnt werden – und am Ende ist es ein Spiel ohne Gewinner: Sie verleugnen sich selbst, lieben sich selbst nicht und auch sonst tut es keiner …

Also: Beginnen Sie mit sich selbst! Nehmen Sie Kontakt auf zu diesem verdrängten, versteckten und unterdrückten Anteil! Behandeln Sie ihn wie ein Mitglied Ihres inneren Teams.

## Nehmen Sie Kontakt zu sich auf

Der Teil von Ihnen, den Sie versteckt haben, wird über diese Gedanken vermutlich ebenso misstrauisch sein wie der Teil von Ihnen, der gerade dieses Buch liest.

Ich kann mir gut vorstellen, dass Sie versucht sein könnten, den Kopf zu schütteln und das alles albern, zu kompliziert oder wenig nützlich zu finden. Das wäre eine *sehr typische Abwehrreaktion*. Ich bin mir bewusst, dass dieser Prozess nur mithilfe eines Buchs herausfordernd ist. Doch es ist Ihre Chance, der Wurzel Ihrer Schüchternheit auf die Schliche zu kommen und eine große, positive Veränderung einzuleiten.

- Nennen Sie Ihren inneren Anteil vorerst einfach „verletzlicher …“ (Ihr Vorname).
- Schreiben Sie Ihrem inneren Anteil einen Brief oder lassen Sie ihn schreiben: Fragen Sie Ihren verletzten, versteckten inneren Anteil, wie es ihm geht und was er sich wünscht: Schreiben Sie eine Reihe von Fragen auf, wie Sie sie einem Freund stellen würden, mit dem Sie sich zerstritten haben und nun wieder Kontakt suchen. Und dann schreiben Sie dazu Antworten, die Ihnen

einfallen. Sie werden erstaunt sein, wie dieser Prozess vieles in Ihnen bewegt.

- Malen Sie Ihren verletzten, versteckten, inneren Anteil, wenn Sie mögen. Das klingt vielleicht auch wieder etwas komisch, aber tatsächlich ist es sehr hilfreich, wenn Sie etwas, das als Wahrnehmung in Ihnen ist, einfach malen – auch wenn Sie nicht malen können (besonders dann)!
- Visualisieren Sie diesen Anteil und reden Sie mit ihm. Kommen Sie in Kontakt mit diesem Teil Ihrer Persönlichkeit und holen Sie ihn wieder mit an Bord. Er ist wichtig für Sie!

Wenn Sie ihn unterdrücken, verstecken und verleugnen, werden Sie nicht nur niemals froh – Sie sind auch nicht, wer Sie wirklich sind. Dass dieser Teil von Ihnen nicht okay ist, war ein Missverständnis.

Ich weiß, dass Sie sich vermutlich erst mal blöd dabei vorkommen, mit sich selbst zu reden oder Briefe an sich selbst zu schreiben. Doch wenn Sie über diesen Moment hinwegkommen, werden Sie über ganz andere Dinge hinwegkommen, die schon lange darauf warten! Wenn Sie es wagen, mit sich selbst in Kontakt zu kommen und sich als Ganzes zu wertschätzen, werden andere das auch tun.

Und dann: Entwickeln Sie ein neues Skript für die Art mit sich selbst zu sprechen – beginnen Sie, anders mit sich zu reden. Mehr dazu im nächsten Kapitel.

Hinweis für Introvertierte: Es könnte sein, dass Sie nicht das Gefühl haben, etwas „Schlimmes“ zu verbergen. Möglicherweise verbergen Sie Ihre Persönlichkeit einfach grundsätzlich aus einer Art Trotz: Wenn Sie als Kind oft gezwungen wurden, extrovertiert zu sein, kann es sein, dass Sie rein aus Prinzip anfingen sich zu verstecken – nach dem Motto: „Ich sage jetzt gar nichts mehr zu niemandem!“

## Der Umgang mit dem inneren Kritiker

Wie reden Sie eigentlich mit sich selbst? Sind Sie freundlich mit sich, ermutigen und trösten Sie sich, wenn Sie es gebrauchen können? Loben Sie sich, wenn Sie etwas besonders gut gemacht haben? Oder ist Ihr innerer Dialog überwiegend negativ, zurückweisend, streng oder gar richtig fies?

Tatsächlich haben sehr viele Menschen häufig einen eher negativen, abwertenden inneren Dialog. Man nennt das „den inneren Kritiker", der häufig streng auf all das schaut, was wir tun, aber auch schon auf das, was wir denken. Es ist, als würden wir so eine Art „inneren Reporter" haben, wie man ihn von Fußballspielen und anderen Sportübertragungen kennt, der da irgendwo in unserem Kopf in seiner Kabine sitzt und unser Leben kommentiert. Aber irgendwie wirkt es bei vielen Menschen so, als ob er parteiisch ist, und zwar immer gegen die eigenen Interessen. Wie kommt das?

Eigentlich, so könnte man meinen, ist es doch total – Entschuldigung – bescheuert, dass wir so häufig negativ denken und uns fertigmachen. Wenn wir mit unseren Freunden so umgingen, wie wir es manches Mal mit uns selbst tun, hätten wir wahrscheinlich gar keine Freunde. Würden sie so mit uns umgehen, wie wir mit uns, wären wir tödlich beleidigt und wohl ebenfalls nicht mehr lange befreundet.

Dennoch hat ein Teil dieser Kritik tatsächlich einen Sinn und einen Ursprung, der nicht nur mit unserer Kindheit zu tun hat, sondern auch mit der Evolution.

## Das Überlebensprinzip

Unsere Gehirnfunktionen stammen aus der Zeit, in der wir beständiger, realer Bedrohung ausgesetzt waren: Der berühmte und oft zitierte Säbelzahntiger ist nur eine davon, auch andere, uns feindlich gesinnte Artgenossen, die Natur, das Wetter und vieles mehr waren lange Zeit echte Bedrohungen. Und so hat unser Gehirn eine wichtige Funktion „eingebaut“: das negative Denken.

*Negatives Denken macht uns wachsam für alle Arten von Gefahren.* Es lässt uns achtsam sein und vorsichtig, sodass wir nicht versehentlich aussterben. Und damit das besonders gut funktioniert, wird ein Gedanke, der mit Gefahr bzw. Angst assoziiert wird, immer direkt und ungefiltert in unser Bewusstsein transportiert und auch ohne weitere Prüfung von uns geglaubt. Das ist sehr wichtig für unser Überleben: Wenn wir auf eine Gefahr zusteuern, ist es hilfreich, dass wir diesen Gedanken nicht prüfen und anzweifeln, sondern ihn annehmen und umgehend Maßnahmen ergreifen. Dummerweise sind die Maßnahmen, die wir in Gefahrensituationen ergreifen, immer dieselben – und sie bieten nicht sehr viel Auswahl, da sie instinktive Überlebensreaktionen sind. Sie beschränken sich auf: Flucht, Angriff und Totstellen.

Das sind seit Jahrtausenden die erfolgreichsten Maßnahmen zum Überleben gewesen, und sie sind so tief in unseren Instinkten und Reflexen verankert, dass wir immer wieder auf sie zurückgreifen – auch wenn wir gar nicht wollen oder wenn die Gefahrensituation so ist, dass uns keine dieser Maßnahmen das Ergebnis beschert, das wir uns wünschen.

Denken Sie nur an die „Gefahrensituation“ eines Flirts. Oder die eines Bewerbungsgesprächs. Mit den Anleitungen aus diesem Buch können Sie lernen, solche Situationen immer weniger als Gefahrensituation wahrzunehmen und damit auch nicht mehr beständig die Notwendigkeit zu spüren, Überlebensmaßnahmen einleiten zu müssen.

Ein anderer Aspekt, an dem Sie sehr wohl etwas verändern können, ist die Art, wie Sie mit sich selbst reden – der Ton, der bekanntlich die Musik macht. Denn wenn Sie beständig negative Selbstgespräche führen, sterben Sie zwar nicht aus, aber es macht Ihr Leben auch nicht besser, schöner oder interessanter. Und tatsächlich bringt es Ihnen keine Vorteile, die negativen Gedanken, die Sie haben, in diesem Ton mit sich selbst auszutragen.

### Den inneren Kritiker bezwingen

Wie schaffen Sie es also, Ihren inneren Kritiker in den Griff zu bekommen?

Zunächst einmal: Hören Sie auf, ihn zu ignorieren. Die meisten Menschen haben zwar negative Gedanken über sich selbst, da diese so unangenehme Gefühle auslösen, möchten sie sie aber am liebsten schnell loswerden oder sie verfallen direkt in Gejammer. Damit jedoch hört das Ganze nicht auf – im Gegenteil.

> Schritt eins, wenn Sie negative Selbstgespräche und Gedanken loswerden wollen ist: Hören Sie zu!

Ja, ernsthaft: Nehmen Sie sich beispielsweise morgens direkt ein paar Minuten Zeit, setzen Sie sich hin oder gehen Sie spazieren und lassen Sie all diese Gedanken zu: Gedanken der Angst, des Selbstzweifels, der Anklage, der Unsicherheit – ganz egal, was es ist. Hören Sie hin oder schreiben Sie sie sogar auf!

Vielleicht kennen Sie das, dass Sie direkt am Morgen schon beim Aufstehen alle möglichen Gedanken haben, die durch Ihren Kopf rattern: „Es ist viel zu früh. Ich habe keine Lust. Meine Schulter tut weh, was hab ich da wieder gemacht? Ich bin müde …“ Und so fort. Wenn Sie dann im Badezimmer vor dem Spiegel oder unter der Dusche stehen, geht es weiter so. Und wahrscheinlich sind die wenigsten Gedanken heiter, positiv, bestärkend oder freudig. Stimmt’s?

Genau deshalb möchten wir sie am liebsten wegschieben und gar nicht hören. Vielleicht ist es Selbstkritik, vielleicht sind es Ängste oder Selbstzweifel? Vielleicht sind es negative Gedanken über Ihre Arbeitsstelle, Ihre Kollegen oder andere Menschen ganz allgemein?

Mit Sicherheit sind all das Dinge, die Sie gerne „weghaben" möchten. Doch was wäre, wenn Sie sich diesen Gedanken einmal ganz aufmerksam und liebevoll zuwenden? *Wirklich* zuhören?

Das kann am Anfang durchaus unangenehm sein, aber ich verspreche Ihnen, es lohnt sich: Lassen Sie den negativen inneren Dialog zu, anstatt ihn wegzuschieben, und fragen Sie sich: Was will mein innerer Kritiker da eigentlich von mir? Wie meint der das? Lassen Sie „ihn" ausreden und hören Sie zu.

Wenn er ausgeredet hat, können Sie damit beginnen, sich die Art und den Tonfall anzuschauen, in dem das stattfindet. Fragen Sie sich: Will ich wirklich *so* mit mir reden?

Was Sie brauchen, ist nämlich eigentlich ganz einfach: Sie brauchen ein neues Skript!

Sie wissen ja bereits aus dem letzten Kapitel: Wenn Sie sich innerlich oft selber fertigmachen, dann spielen Sie eigentlich nur das nach, was andere mit Ihnen gemacht haben. Und die haben das mit Ihnen gemacht, weil sie es ständig mit sich selbst machen, weil es vorher andere mit ihnen gemacht haben ... Und so weiter.

Das ist zwar eine Erklärung – aber kein Grund, damit weiterzumachen! Im Gegenteil: Wenn Sie erkannt haben, aus welchem Leid heraus letztlich das geboren ist, was Sie erleben mussten, und dass Sie damit in Wahrheit gar nicht gemeint waren, sind das doch sehr gute Gründe, den Kreislauf der selbst gewählten Verdammnis zu durchbrechen und endlich damit aufzuhören.

Und das ist tatsächlich nicht kompliziert: Hören Sie sich zu, lassen Sie sich ausreden, fragen Sie sich, was das bringen soll und dann: Verändern Sie die Sätze, die Sie benutzen, und den Tonfall!

## Werden Sie Ihr eigener Programmchef!

Wenn Sie sich bestimmte Radiosender oder TV-Sendungen anschauen, dann fällt Ihnen auf, dass es dort bestimmte Sätze, Redewendungen und eine bestimmte Form der Ansprache des Hörers gibt, die ganz typisch sind für diesen Sender oder diese Sendung. Wenn dort ein neuer Moderator übernimmt, dann muss er zunächst mit diesen Sätzen und Redewendungen vertraut gemacht werden, damit der Hörer den Sender auch mit einem neuen Moderator direkt wiedererkennt. Auch Sie haben so eine Art „Standard", was die Kommunikation mit Ihnen angeht. Wenn Sie mal darauf achten, wird Ihnen auffallen, dass bei Ihren negativen Selbstgesprächen auch immer wieder dieselben Redewendungen und Sätze auftauchen. Es ist das, was Sie von Ihren Eltern und anderen Erwachsenen gelernt haben: Wie bei einem Radiosender, hat man Sie mit bestimmten Sätzen und Redewendungen vertraut gemacht. Und diese nutzen Sie inzwischen, ohne darüber nachzudenken.

Doch da Sie selbst Ihr einziger Hörer sind, dürfen Sie diese Sätze und Redewendungen verändern. Sie könnten sich also quasi ein neues Portfolio an Sätzen und Redewendungen für Ihren inneren Dialog anlegen und das, was Sie zu sich sagen, verändern.

Fragen Sie sich selbst – und fragen Sie sich wirklich, schreiben Sie es sich sogar am besten auf:

- Wessen Erlaubnis brauche ich dafür, anders (liebevoller, ermutigender) mit mir zu sprechen?
- Kann ich diese Erlaubnis bekommen?
- Gibt es Bedingungen dafür? Wenn ja, welche?

Denken Sie gut über diese Fragen nach und beantworten Sie sie nicht zu leichtfertig. Veränderung fällt uns deshalb schwer, weil wir glauben, dass sie nicht „erlaubt" ist. Wir vergessen, dass wir uns die Erlaubnis einfach holen bzw. geben dürften: Vermutlich brauchen Sie die Erlaubnis nur von sich selbst. Haben Sie den Eindruck, dass Sie auch Ihre Eltern und Vorfahren darum bitten müssten? Dann tun Sie das! Es ist unerheblich, ob diese noch leben oder nicht. Stellen Sie sich einfach vor, wie Sie um Erlaubnis bitten.

Wenn Sie das Gefühl haben, dass Sie die Erlaubnis nicht bekommen, fragen Sie wieder und wieder nach. Tatsächlich gibt es in unserem Kopf keinen Unterschied zwischen einer real erlebten Situation und einer ausgedachten. Das ist auch der Grund, warum Sie so häufig leiden in Situationen, in denen eigentlich gar nichts Schlimmes passiert – allein die Vorstellung z. B. einer Ablehnung oder Blamage genügt ja bereits. Genau so geht es allerdings auch anders herum: Wenn Sie sich also Gutes vorstellen, kann Gutes passieren.

Wenn Sie das geklärt haben, stellt sich die Frage: Wie machen Sie das, Ihr Skript verändern? Das kostet nur ein klein wenig Aufmerksamkeit und ein paar Minuten Ihrer Zeit.

Finden Sie Ihre „Standardsätze": Was sagen Sie sich selbst, wenn Sie

- unzufrieden mit sich sind?
- Angst haben?
- schüchtern sind?
- Hemmungen haben?
- Fehler gemacht haben?
- Angst haben, einen Fehler zu machen?
- Verantwortung übernehmen sollen?
- Herausforderungen vor Ihnen stehen?

Wahrscheinlich sind es immer wieder ähnliche Dinge, die Sie sagen – weil die so in Ihrem „Skript" stehen. Weil es eben die Dinge sind, die Sie gelernt haben.

## Schreiben Sie ein neues Skript

Ihre Aufgabe ist ganz einfach: Teilen Sie ein Blatt Papier in zwei Spalten auf. In die eine Spalte schreiben Sie, was Sie üblicherweise denken und zu sich sagen in diesen Situationen. In die andere Spalte schreiben Sie jeweils daneben, was Sie lieber hören würden. Und dann: Sagen Sie in Zukunft das, was Sie besser finden.

Vermutlich wird Folgendes passieren: Am Anfang werden Sie vielleicht ein paarmal vergessen, Ihr neues Skript zu nutzen – aus alter Gewohnheit. Und dann werden Sie etwas anderes zu sich sagen – vielleicht auch etwas, das nicht so schön ist, weil auch das in Ihrem veralteten Skript steht.

Was machen Sie? Sie schreiben genau das auch auf – und daneben schreiben Sie, was Sie lieber hören möchten, und dann sagen Sie das.

Und das machen Sie so oft und so lange, wie Sie brauchen, bis Sie nach und nach alles Beschämende, Beschuldigende, Entmutigende, Niedermachende, Fertigmachende, Kleinhaltende und Peinigende ersetzt haben durch Sätze, die Sie aufbauen, ermutigen, entspannen, motivieren, beruhigen, trösten, wertschätzen und bestärken.

Wichtig: Es ist sehr hilfreich, wenn das, was Sie lieber hören möchten, wirklich in die Situation passt und Ihnen hilft. Wenn Sie am liebsten etwas hören möchten, das überhaupt nicht der Realität entspricht, ist das nicht hilfreich.

Wenn Sie zum Beispiel einen Fehler gemacht haben und normalerweise zu sich so etwas sagen wie: „Oh du bist so blöd!“, und Sie würden lieber hören: „Du bist total schlau!“, weil Sie ja nicht blöd sein wollen, dann wird das in der Situation nicht funktionieren. Denken Sie also immer daran, dass es etwas sein muss, was der Situation entspricht. In diesem Fall vielleicht so etwas wie: „Hey, das kann doch jedem mal passieren. Jetzt sieh halt zu, dass du es bestmöglich wieder in Ordnung bringst und dann weiter!“

Und natürlich dürfen Sie Ihr Skript in den nächsten Wochen und Monaten immer wieder verändern und verbessern und ergänzen!

## Finden Sie die Wahrheit

Eine weitere, sehr erfolgreiche Methode ist es, Ihre Gedanken in Balance zu bringen: Wenn Sie mal wieder in einer bestimmten Situation anfangen, in Worst-Case-Szenarien zu fantasieren, weil Ihr innerer Kritiker Amok läuft und Sie vor Gefahren beschützen will, machen Sie Folgendes:

- Denken Sie den Gedanken zu Ende: Was ist das Schlimmste, was Ihnen passieren könnte? Und denken Sie ihn wirklich (!) zu Ende.
- Dann denken Sie sich das Beste, was Ihnen passieren könnte. Was wäre Ihr absoluter Wunschtraum? Was würde passieren, wenn entgegen aller Erwartungen alles gut geht und noch besser? Und denken Sie auch diesen Gedanken wirklich zu Ende.

Machen Sie sich von beiden Szenarien ein Bild vor Ihrem geistigen Auge:

- In dem einen herrscht die totale Katastrophe, Sie werden abgewiesen, verhöhnt, ausgelacht und sitzen arm, verhungernd, einsam und schmutzig in der Gosse, wo sie, ohne beachtet zu werden, einen qualvollen Tod sterben.

So oder so ähnlich wird es wahrscheinlich aussehen, Ihr Horrorszenario.

- Auf dem anderen werden Sie bewundert, gefeiert und von allen geliebt. Sie haben den tollsten Partner, der Ihnen treu ergeben ist, sind reich, schön, gut angezogen und gehen in einen goldenen Sonnenuntergang, der Ihnen ein großartiges Morgen verheißt …

So oder so ähnlich könnte Ihr positives Szenario aussehen.

Und nun denken Sie an das Horrorszenario. Und dann an das Glücksszenario. Und dann legen Sie beide Bilder übereinander und denken Sie an beides gleichzeitig.

Ich weiß aus Erfahrung, dass das am Anfang schwierig sein kann. Verzagen Sie nicht, wenn es Ihnen nicht sofort gelingt. Sie müssen sich wirklich gut konzentrieren dafür: Denken Sie beide Gedanken zugleich. Sehen Sie beide Bilder zugleich.

Manchen Menschen fällt das leicht, andere brauchen ein paar Anläufe, aber es lohnt sich. Sie werden überrascht sein von dem, was dann geschieht. Probieren Sie es bitte unbedingt aus, denn es hat in meinen Seminaren und bei meinen Klienten bereits so viel Gutes bewirkt.

## Ihr Unterbewusstsein – der „kleine Horrorladen"

Ihr Unterbewusstsein schickt Sie ja regelmäßig in die Horrorabteilung. Das Problem daran ist, dass die Gedanken und Bilder, die dann kommen, den meisten Menschen derart unangenehme Gefühle bereiten, dass sie sie ganz schnell loswerden wollen. Doch dann kommen sie leider wieder und wieder und wieder. Und oft genug ist ja auch ein Weg, diese Bilder schnell loszuwerden, die Situation zu meiden, in der sich das bewahrheiten könnte, was da kommt.

Wenn Sie jetzt aber die Bilder einmal zulassen und die Situation bis zum Ende bedenken, ist Ihr innerer Kritiker schon mal zufrieden. Er hat einen guten Job gemacht (Sie vor all diesen Gefahren gewarnt, damit Sie überleben) und Sie haben ihm Aufmerksamkeit geschenkt.

Dann lassen Sie die Bilder zu, die Ihr Neo-Mammalia-Gehirn – das, das glücklich sein möchte und Träume hat – sich ausdenken kann.

Dann vergleichen Sie die Bilder miteinander – und denken Sie an beides gleichzeitig. Das führt dazu, dass Sie den Vergleich nicht nur in Ihrem Bewusstsein, sondern auch im Unbewussten machen. Ihr Geist erkennt dabei bewusst und auch unbewusst mehr und mehr, dass beide Bilder „gleich unrealistisch“ sind.

Es wird weder zu dem einen noch zu dem anderen wirklich kommen. Es wird nicht so schlimm werden wie das Bild Ihres Kritikers, aber auch nicht so traumhaft wie das Bild Ihres Träumers.

Sich beide Szenarien vor Augen zu führen, hat den Effekt, dass die Angstgefühle sich auflösen. Der Grund: Beide inneren Bilder – beide Szenarien – waren bisher eher unbewusst in Ihnen, und zwischen diesen beiden Bildern herrschte eine *sehr starke Spannung*. Diese Spannung war es, die Sie gelähmt hat. Machen Sie sich beide Bilder wirklich bewusst und erkennen Sie, dass beide nicht real sind, löst sich die Spannung.

Zwar ist in vielen akuten Fällen, zum Beispiel in einer Flirtsituation, die Chance vermutlich bereits vorbei, bis Sie mit dieser Übung fertig sind, aber das macht gar nichts. Machen Sie die Übung regelmäßig und machen Sie sie auch mit Situationen aus der Vergangenheit, an die Sie sich erinnern. Machen Sie sie außerdem für die Zukunft mit Situationen, von denen Sie jetzt schon wissen, dass Sie sich regelmäßig davor fürchten oder drücken.

Je öfter Sie diese Übung machen, umso mehr wird Ihr Geist lernen, dass die Horrorvorstellungen Ihres kritischen Unterbewusstseins stärkste Übertreibungen sind. Sie müssen Sie nicht bekämpfen, Sie müssen lediglich lernen, wie ernst Sie diese nehmen müssen.

## Das Fundament festigen

Jedes Wagnis, jede neue Situation und jede neue Fähigkeit, die Sie lernen wollen, birgt ein gewisses Risiko: Als Sie das Fahrradfahren gelernt haben, sind Sie anfangs auch ein paarmal gestrauchelt. Vielleicht sogar hingefallen. Das ist ganz normal. Und Sie können bei allem Neuen in Ihrem Leben ebenfalls anfangs straucheln – vielleicht sogar auch mal hinfallen. Das ist ganz normal. Doch eines Tages werden Sie zurückschauen und sehen: Sie haben angefangen, sind ins Taumeln geraten und haben weitergemacht. Sie haben die Warnungen Ihres kritischen Unterbewusstseins wahrgenommen und Sie haben auch Ihre Träume und Wünsche wahrgenommen. Und am Ende ist irgendwas in der Mitte davon eingetreten, und es ist gut geworden. Sie haben weitergemacht. Sie haben getan, was Sie tun mussten, um das zu erreichen, was Sie erreicht haben werden. Und Sie sind froh darüber, dass Sie nicht länger „gekniffen" haben. Schließlich sind Sie nicht auf der Welt, um sich vor ihr zu verstecken.

Mit diesen Übungen und Erkenntnissen sind Sie bestens gewappnet, um sich hineinzuwagen in das Abenteuer, das Ihr Leben sein kann.

Im nächsten Abschnitt werden Sie lernen, wie Sie mit dieser neu gewonnen Basis Ihr Selbstbewusstsein und Selbstwertgefühl stärken, wie Sie Freunde gewinnen, sich mehr zutrauen und vieles mehr.

Ich möchte Ihnen daher dringend ans Herz legen, die Übungen aus diesem Abschnitt der „Innenarbeit" zunächst wirklich zu machen. Es wird einen großen Unterschied darin machen, wie Sie die nächsten Kapitel wahrnehmen und ob Sie sie umsetzen können.

Stellen Sie sich das so vor, als würden Sie ein Haus bauen. Der vergangene Abschnitt ist das solide Fundament, das Sie brauchen, um Ihr Haus darauf zu stellen. Ohne dieses Fundament werden die Mauern nicht halten. Wenn Sie also bis hier „nur gelesen" und noch nicht „gemacht" haben: Machen Sie jetzt! Blättern Sie zurück und beginnen Sie, Ihr Selbst aus dem Schatten von Scham und Angst zu holen. Wenn Sie dieses Buch nur lesen, wird es vielleicht interessant sein – wenn Sie es anwenden, wird es Ihr Leben verändern.

# AUFBAUTRAINING

*Selbstvertrauen aufzubauen heißt, sich selbst zu stärken. Und das funktioniert ganz ähnlich wie bei Muskeln: mit Training … und Köpfchen!*

## Selbstbewusstsein entdecken und Selbstvertrauen aufbauen

Wenn Sie in Zukunft nicht mehr schüchtern sein und Ihre Hemmungen in bestimmten Situationen fallen lassen wollen, dann sind zwei Dinge wichtig: Sie möchten Dinge tun und können, die Sie noch nie getan haben, und Sie möchten ein paar Dinge, die Sie in der Vergangenheit getan haben, nicht mehr tun müssen.

Das Erste, was Ihnen dabei hilft, ist die Erkenntnis: Im letzten Kapitel konnten Sie erkennen, durch welche Missverständnisse Ihre Schüchternheit überhaupt erst entstanden ist und welches „Mindset“, also welche innere Einstellung und welche Glaubenssysteme, dafür gesorgt haben, dass Sie immer wieder so gehandelt haben.

Die Erkenntnis allein genügt aber nicht, denn der Mensch ist bekanntermaßen ein Gewohnheitstier. Wenn Sie aus Ihrem Kreislauf von Angst, Hemmungen und Versagen herauskommen möchten, ist Faktor Nummer zwei – das Training – entscheidend.

Viele schüchterne Menschen sagen mir: „Ich würde ja dies oder jenes gerne tun, aber dafür fehlt mir einfach das Selbstvertrauen.“

Geht es Ihnen ähnlich?

Dann habe ich eine Frage an Sie: Wenn Ihnen das Selbstvertrauen fehlt, warum arbeiten Sie dann nicht daran, Selbstvertrauen aufzubauen? Oder war das bisher nur eine Ausrede, hinter der Sie sich versteckt haben, um in Ihrer kleinen Komfortzone zu bleiben?

Möchten Sie denn, dass es immer so weitergeht? Denn so komfortabel ist diese Komfortzone ja gar nicht, oder? Sie trauen sich nicht und sagen dennoch immer wieder: „Ach, ich würde ja gerne, aber ich kann halt nicht." Das macht doch keinen Spaß?

## Selbstvertrauen – was genau ist das eigentlich?

Selbstvertrauen ist kein Gottesgeschenk, mit dem manche geboren werden und andere eben nicht. Es ist keine Gabe, die über Nacht auf Sie herabschwebt oder etwas, das man durch Glück irgendwie bekommt. Selbstvertrauen ist eine Folge Ihres täglichen Handelns.

Selbstvertrauen wird aufgebaut wie ein Muskel – durch tägliches Training. Mal etwas mehr und mal etwas weniger, aber es steigt stetig, wenn Sie es trainieren, wird stärker und fester, bis es irgendwann ganz normal zu Ihnen dazu gehört.

Ich habe mal wieder den *Duden* gefragt und dort steht: *„Jemandes Vertrauen in die eigenen Kräfte und Fähigkeiten."*

Würde Ihnen das helfen, wenn Sie in Ihre eigenen Kräfte und Fähigkeiten vertrauen könnten?

Lassen Sie mich dabei allerdings vorwegschicken: In Ihre eigenen Kräfte und Fähigkeiten zu vertrauen heißt nicht, dass Sie alles können und alles wissen müssen. Es heißt nicht, dass Sie perfekt und unfehlbar sind, sondern es bedeutet, dass Sie gut und realistisch einschätzen können, was Sie können und was Sie *nicht* können. Wozu

Sie fähig sind, wenn Sie nur wollen. Und auch, wozu Sie nicht fähig sind. Hier ist es sehr hilfreich, wenn Sie Ihr Bedürfnis nach Perfektion bereits überwunden haben. Denn es geht im Leben nicht darum, alles perfekt zu können – es geht viel eher darum, dabei zu sein und zu lernen!

Das bedeutet: Anstatt sich beständig Gedanken darüber zu machen, ob Sie „gut genug“ sind und das schaffen werden, erinnern Sie sich daran, was Sie können, und Sie treffen eine vernünftige und erwachsene Wahl, die bei jeder Herausforderung folgendermaßen aussieht:

## Die drei Botschaften des Selbstvertrauens

**1. Ich kann das.**

*Ich weiß, dass ich das kann, weil ich es schon mal geschafft habe oder weil ich das meiste weiß, was es zu wissen gibt, um es zu schaffen. Also gehe ich es jetzt an, gebe mein Bestes und traue mich.* Das heißt nicht, dass Sie ganz sicher und unfehlbar sein müssen. Es bedeutet lediglich, dass Sie davon ausgehen können, dass es Ihnen gelingen kann. Vielleicht können Sie es noch nicht sehr gut – aber Sie können es. Sie können es so gut, dass Sie zumindest beginnen können.

**2. Ich kann das nicht.**

*Ich habe das noch nie gemacht und weiß nichts oder kaum etwas darüber, um es zu schaffen. Also gehe ich es nicht an, denn ich würde mich (und vielleicht auch andere) in Schwierigkeiten bringen.* Es gibt einfach Dinge, die sollte man Spezialisten überlassen – und das ist auch gut so.

**3. Ich kann das noch nicht, aber …**

*Ich habe das noch nie gemacht und weiß nichts oder kaum etwas darüber – aber ich will es lernen. Und um es zu lernen, muss ich irgendwo anfangen. Und ich fange hier an. Nicht um direkt perfekt zu sein, sondern um anzufangen und es zu lernen, um mehr darüber zu erfahren und besser zu werden.* Sie haben alles in Ihrem Leben irgendwann einmal nicht gekonnt. Und dann haben Sie damit angefangen.

Fragen Sie sich doch einmal selbst:

- Was verändert sich in Ihrem Leben, wenn Sie ab jetzt in Ihre eigenen Kräfte und Fähigkeiten vertrauen?
- Was kann dann anders werden?
- Welche Auswirkungen könnte das haben?

Gehen Sie einmal alle Lebensbereiche durch:

- Beruf
- Freunde
- Familie
- Partnerschaft
- Gesundheit
- Ihr Charakter
- Ihre Weiterentwicklung

Was könnte sich in diesen Bereichen verändern, wenn Sie in Ihre Kräfte und Fähigkeiten vertrauen und bei der ein oder anderen Herausforderung, der Sie noch nicht gewachsen sind, nicht kneifen, sondern lernen?

Was würde passieren, wenn Sie ein echtes und ganzheitliches Selbstbewusstsein zulassen würden? Ein Bewusstsein, in dem Sie sich nicht nur Ihre Schwächen, sondern auch Ihre Stärken bewusst machen? Ein Bewusstsein, in dem Sie den Gedanken zulassen, dass Ihre Schwächen vielleicht gar nicht so schwach sind?

Die Kommunikationstrainerin und Autorin Vera Birkenbihl hat einmal gesagt: „Niemand hat Schwächen – er ist nur am falschen Platz."

Wie hat sie das gemeint?

### Das kleine Wörtchen „zu"

Ich zum Beispiel bin früher oft von meinen Eltern dafür gerügt worden, dass ich eine (zu) laute Stimme habe und sie auch benutze: „Sei doch nicht so laut" oder „Du mit deinem lauten Organ ..." hieß es dann. Wahrscheinlich war ich in Wirklichkeit ohnehin nur deshalb so laut, weil ich mir wünschte, dass man mir zuhört. Aber die vermeintliche Schwäche des Lautseins begleitete mich, und ich kann Ihnen versichern, mein erster Beruf nach der Ausbildung als Sachbearbeiterin in einem Großraumbüro war perfekt geeignet, um mir meiner „Schwäche" immer wieder bewusst zu werden: Ich war zu laut. Fakt.

Heute weiß ich genau, was Vera Birkenbihl meinte, denn heute bin ich am richtigen Platz: Meine Seminarteilnehmer und Zuschauer sind sehr froh, dass ich eine so laute und deutliche Stimme habe. Und ich singe – sehr gerne und kräftig. Mein Mann, der Musiker und ebenfalls gerne laut ist, freut sich darüber, dass er nie nach einer Sängerin suchen muss, wenn er mal eine weibliche Stimme für den Backgroundgesang haben möchte. Ich bin am richtigen Platz angekommen und kann mit einem guten Gefühl das „Zu" streichen.

Es gibt Menschen, die sind leise, und es gibt Menschen, die sind laut – ob es „zu" ist, ist nur eine Frage der Perspektive und des Einsatzgebiets.

Menschen, die nicht gerne reden, aber dafür gut zuhören können, sagt Vera Birkenbihl, sind großartige Mitarbeiter für jeden Kundenservice, wo es wichtig ist, dem Kunden erst einmal zuzuhören und ihn sich abregen zu lassen. Menschen, die oft das Negative sehen, sind großartige Buchprüfer, Qualitätsmanager oder Sicherheitsmitarbeiter. Es gibt für jeden „Fehler" einen Einsatzort, wo der Mensch, der das besonders gerne oder gut macht, perfekt aufgehoben ist.

Wenn Sie Selbstbewusstsein und Selbstvertrauen aufbauen wollen, verabschieden Sie sich zunächst davon, dass Sie anders sein sollten, als Sie sind.

Streichen Sie „zu"! Stärken und Schwächen sind nur Perspektiven auf Eigenschaften, die Sie haben. Wenn Sie sich selbst dazu verdammen, sich als „nicht richtig" zu bezeichnen, weil Sie lieber anders wären, werden Sie niemals Selbstvertrauen erlangen.

Ich habe es schon oft erlebt, dass ich in der Maske eines TV-Senders von den – fast immer sehr hübschen, doch oft eher schüchternen – Maskenbildnerinnen auf meine Wimpern, mein dichtes Haar oder meine sehr gesunde, glatte Haut angesprochen wurde. „Das hätte ich auch gerne" heißt es dort manchmal. Ich lache dann immer und sage: „Das geht nicht, das ist ein Gesamtpaket!" Wenn die jeweilige Dame mich dann verwirrt anschaut, sage ich: „Diese Wimpern und diese Haare gibt es nur im Paket – zum Beispiel mit diesem ziemlich großen Hintern und noch ein paar anderen Dingen, die Sie vielleicht nicht haben möchten. Man muss schon alles nehmen!" Meistens gibt es dann ein großes Gelächter in der Garderobe und ein Gespräch darüber, wie Frauen mit Locken sich immer glatte Haare wünschen und anders herum und wie sehr einem genau das auffällt, was man eben gerade nicht hat. Und das, was man hat, weiß man oft gar nicht zu schätzen.

Wahrscheinlich geht es Ihnen auch so: Wir bemerken das am meisten, was nicht so gut funktioniert oder was wir gerne anders hätten, als es ist. Alles was gut ist und prima funktioniert, fällt uns gar nicht auf, und wir nehmen es oft als selbstverständlich hin.

### Betrachten Sie das „Gesamtpaket"

Beim mangelnden Selbstbewusstsein fehlt Ihnen das Bewusstsein für das „Gesamtpaket": für Sie als Ganzes und für Ihre Fähigkeiten (während Ihr Bewusstsein für die Unfähigkeiten wahrscheinlich überentwickelt ist). Genau deshalb kann ein gesundes und „ganzes" Selbstbewusstsein sehr dabei helfen, ein starkes Selbstvertrauen zu entwickeln.

Wenn Sie sich nämlich bewusst machen,

- was Sie gut können und was nicht,
- was Sie beeinflussen können und was nicht,
- wofür Sie wirklich verantwortlich sind und wofür nicht,
- dass Sie nicht alles können können und müssen,
- dass Ihre vermeintlichen Stärken auch Schwächen sein können (so wie Ihre vermeintlichen Schwächen auch Stärken sein können),
- dass Sie eine Bereicherung sein können,

... dann ist dieses (Selbst-)Bewusstsein die Basis für das starke, echte und nachhaltige Selbstvertrauen, das Sie sich wünschen.

Machen Sie sich bewusst, dass Sie Verantwortung haben für Ihr Denken und Handeln und dass Sie mit Ihrem Handeln Einfluss nehmen können auf das, was um Sie herum passiert. Und dass dieser Einfluss auch seine Grenzen hat.

PRAXISBEISPIEL

**DER BEOBACHTER**

*Mein Klient Thomas hat mir bei einem Coaching beschrieben, dass er ein eher zurückhaltender Mensch ist, weil er die Situationen, in denen er sich befindet, immer erst mal richtig einschätzen können will. Ich bat ihn um Beispiele, wie er das macht, und er erzählt mir, dass er sich, wenn er in eine Gruppe kommt – z. B. bei einem Seminar oder einem Tanzkurs – erst einmal zurückhält und sich die Leute anschaut, um sich sicherer zu fühlen, und die erste Zeit lieber nichts sagt. Ihm fiel auf, dass er das nicht nur bei Gruppen, sondern auch bei Einzelpersonen so macht. Er wollte erst mal beobachten.*

Dieses Vorgehen klingt auf den ersten Blick schlüssig, es enthält aber einen ganz großen Denkfehler:

Wenn Sie es auch so machen wie Thomas, dann unterschätzen Sie gewaltig Ihre eigene Wirkung und Sie verpassen die Chance, die „echte“ Situation erleben zu können: Jedes Aufeinandertreffen von Menschen wird geprägt von dem, was die einzelnen Individuen mit in diese Begegnung einbringen. Ihre Worte, Ihre Teilnahme, Ihr Charakter, Ihre Meinung, Ihre Ideen, Ihr Wesen – all das beeinflusst die Situation als solche. Wenn Sie also nichts einbringen, sehen Sie nur, wie es ohne Sie ist.

### Sie – ohne das „Zu“

Stellen Sie sich vor, eine Begegnung von Menschen wäre wie ein Kuchenteig und jeder einzelne Mensch wäre eine Zutat: einer ist das Mehl, ein anderer die Milch, einer die Butter. Und dann stellen Sie sich vor, Sie wären der Zucker. Und Sie versuchen, den Kuchenteig zu probieren, ohne dass Sie den Zucker dazugegeben haben ... Schmeckt nicht, denken Sie. Na klar, weil ja etwas Entscheidendes fehlt. Sie! Und vielleicht glauben Sie ja, dass Sie nicht so wichtig sind wie der Zucker, vielleicht sind Sie ja „nur“ der Zimt. Oder der Rum. Oder die Schokostückchen.

Aber ich denke, Sie wissen, worauf ich hinaus will: Eine Situation, aus der Sie sich heraushalten, um sie einschätzen zu können, ist eine andere Situation. Sie müssen sich einbringen und dann beobachten, wie andere mit Ihnen umgehen und auf Sie reagieren. Und dann ist die Situation vermutlich plötzlich eine ganz andere! Erst dann sind Sie wirklich *in* der Situation.

Vielen Menschen fehlt es an Sicherheit, sie glauben, sie müssten stets selbstsicher und unfehlbar auftreten, um sich das trauen zu können. Doch dem ist zum Glück nicht so: Sie werden sehr bald merken, dass Sie umso weniger „Angriffsfläche“ für jeden Angreifer bieten, je freimütiger Sie jede vermeintliche Schwäche zugeben können.

Was wäre, wenn Sie – nachdem Sie „zu“ gestrichen haben – einfach zu dem stehen, wie Sie sind?

Wenn mir heute jemand sagt, ich sei „zu laut“, dann trifft mich das nicht mehr: Ich kann abwägen, ob das mit der Situation zu tun hat, und wenn ich mich vielleicht gerade unpassend verhalten habe, dann bitte ich um Verzeihung. Aber wenn es nur eine persönliche Präferenz des Kritikers ist, dann sage ich: „Bitte streiche das „Zu“! Ich bin laut. Das stimmt. Vielen Dank.“

Was würde passieren, wenn Sie „zu“ einfach streichen würden und dann freundlich bejahen können, was Ihnen jemand „vorwerfen“ möchte?

- „Du bist so ängstlich!“
  „Ja, das stimmt.“
- „Du traust dich das ja doch wieder nicht!“
  „Damit könntest du recht haben.“
- „Du bist ein Idiot!“
  „Ja, manchmal bin ich das.“

Wie würde man Sie noch angreifen können, wenn Sie einfach Ja sagen? Wenn Sie Ihre vermeintlichen Schwächen nicht mehr verstecken, sondern einfach sagen können: „Ja, oft ist das so“?

## Sicherheit kommt von innen

Die meisten Menschen versuchen erst einmal, fehlende *innere* Sicherheit durch Sicherheit im Außen zu ersetzen – z. B. durch Kontrolle. In meinen Flirttrainings wünschen sich die meisten Teilnehmer anfangs mehr Kontrolle über das Verhalten der anderen. Sie sagen das natürlich nicht wörtlich, sondern: „Ich möchte, dass Frauen mich nicht mehr ablehnen“ oder „Ich möchte, dass Männer erkennen, wenn ich Interesse an ihnen habe“. Man wünscht sich, dass andere sich so verhalten sollen, wie man es sich in der jeweiligen Situation wünscht. Die Frage lautet quasi: „Wie schaffe ich es, dass andere das tun, was ich will?“ (Und wenn möglich, ohne dass ich mich anstrengen muss!)

Doch leider funktioniert das nicht, denn andere Menschen haben dasselbe wie Sie: einen eigenen, freien Willen und auch eigene Ängste, Vorurteile und Bedürfnisse. Sie können niemanden dazu zwingen, dass er Sie mag. Aber Sie können aufhören, ständig etwas dagegen zu tun, dass man Sie mögen kann. Denn das tun Sie, indem Sie sich immer wieder verstecken oder verstellen.

Selbstsicherheit ist das, was Ihre Umwelt in Ihrem Auftreten wahrnehmen kann, wenn Sie im Inneren wahres Selbstbewusstsein und Selbstvertrauen haben und Sie sich deshalb sicher fühlen: Sie können nicht jedem gefallen, aber Sie können herausfinden, wer Sie mag und mit wem Sie „können“.

## Selbstsicherheit: die selbsterfüllende Prophezeiung

Das Gute an Selbstsicherheit ist, dass sie eine Art „selbsterfüllende Prophezeiung“ beinhaltet: Wenn Sie selbstsicher auftreten können, vertrauen Menschen Ihnen, weil Sie ausstrahlen, dass Sie wissen, wer Sie sind, was Sie tun und auch, was Sie wollen.

Viele Türen öffnen sich sehr viel leichter (oder überhaupt erst) durch ein selbstsicheres Auftreten und eine selbstbewusste Ausstrahlung. Viele Kämpfe, die Sie heute vielleicht noch ausfechten müssen, zum Beispiel um

- Anerkennung in Ihrem Beruf, bei Ihrer Arbeitsstelle
- Wertschätzung innerhalb Ihrer Familie, im Bekanntenkreis
- Interesse beim anderen (oder selben) Geschlecht

werden sich damit ganz von allein erübrigen, weil Ihre Fähigkeiten und Ihre Persönlichkeit gar nicht erst infrage gestellt werden, wenn Sie ein selbstsicheres und damit vertrauenswürdiges Auftreten haben.

Und der erste Schritt dahin ist, dass Sie selbst aufhören müssen, sich ständig infrage zu stellen. Hören Sie auf damit, sich selbst zu bemängeln, weil in Ihrem „Gesamtpaket“ auch ein paar Dinge enthalten sind, die Ihnen nicht so gut gefallen. Das ist ganz normal und das geht allen Menschen so.

## Drei Wochen für ein neues Leben

Es geht im Leben nicht darum, dass Sie es möglichst schnell und unbemerkt hinter sich bringen, sondern dass Sie daran teilhaben – dass Sie ein aktiver und lebendiger Teil der Welt sind. Und genau das gilt es zu trainieren: Sie müssen ja nicht gleich einen Marathon anstreben, aber legen Sie los. Sie werden feststellen, dass Sie jeden Tag sicherer und besser werden.

Nutzen Sie also die kommenden Übungen, um jeden Tag neue, stärkere, bessere Gewohnheiten zu etablieren.

Die gute Nachricht ist: Wenn Ihnen etwas davon seltsam oder sehr ungewohnt erscheint, dann braucht es lediglich fünf bis sieben Wiederholungen, bis es das nicht mehr ist. Das klingt machbar, oder?

Und es braucht etwa 21 Tage, um neue Gewohnheiten zu etablieren. Wenn Sie es also schaffen, sich läppische drei Wochen mit diesen Übungen an neue Gepflogenheiten zu gewöhnen, werden Sie vieles von dem bereits übernommen haben, und es wird normal und üblich für Sie sein.

Und mal ehrlich: Was sind drei Wochen – besonders im Vergleich zum Rest Ihres Lebens!?

Also: Legen Sie direkt los!

# Verändern Sie Ihre Sprache

Ihre Sprache zu verändern ist ein sehr wirksames Mittel, um nicht nur Ihre Wirkung, sondern tatsächlich auch Ihr Selbstbild und Ihre innere Haltung zu verändern.

Schüchterne Menschen reden meist eher wenig, doch ihr innerer Dialog ist meist noch aktiver als der anderer Menschen.

Sie sprechen im Geiste vermutlich ziemlich viel mit sich, stimmt's? Die Gedanken fliegen hin und her. Und ist Ihnen mal Ihre Wortwahl dabei aufgefallen? Hier geht es nicht nur um Ihren inneren Kritiker, sondern um die Art, wie Sie sich ausdrücken und zeigen. Manche Menschen glauben, dass es doch letztlich egal ist, wie man sich ausdrückt und auch, wie man denkt, das bekommt ja doch keiner mit. Doch Worte sind tatsächlich Magie!

Wenn Sie die Worte verändern, die Sie benutzen, dann verändern sich auch Ihre Gedanken und Gefühle.

Schüchterne neigen dazu, im Gespräch mit anderen vieles zu relativieren und sich neutral und zurückhaltend auszudrücken. Oftmals weil sie Ablehnung vermeiden möchten oder im Nachhinein zurückrudern wollen, wenn etwas von anderen nicht akzeptiert wird.

Genau so allerdings wirken Sie schwach, profillos und nur wenig selbstsicher. Und wie Sie sich vielleicht erinnern werden: Selbstsicherheit ist eine selbsterfüllende Prophezeiung – je selbstsicherer Sie wirken, umso weniger wird man Sie anzweifeln. Die Devise lautet daher: Machen Sie sich nicht kleiner, als Sie sind. Das heißt nicht, dass Sie sich zwangsläufig „größer“ machen sollen, aber hören Sie auf, Ihr Licht ständig unter den Scheffel zu stellen:

Sagen Sie nicht:

- „Na ja, ich weiß nicht."
- „Ich könnte es ja mal versuchen."
- „Ich hoffe, dass ..."
- „Ich versuche ..."
- „Ich probiere ..."

Sondern sagen Sie stattdessen lieber:

- „Ich gebe mein Bestes!"
- „Ich werde mir Mühe geben!"
- „Ich bin guter Dinge."
- „Ich freue mich auf ..."
- „Ich werde ..."

„Tu es oder tu es nicht. Es gibt kein Versuchen", sagt der Jedi-Meister Yoda in Star Wars zu Luke Skywalker, als dieser nach einer missglückten Übung sagt, er habe sein Bestes *versucht*. Etwas zu versuchen birgt bereits so viel Zaghaftigkeit und Unglaube in sich, dass Scheitern fast programmiert ist – oder auch dass derjenige gar nicht erst anfängt.

Wenn Menschen mir sagen, sie „versuchen" zu einer Veranstaltung oder Feier von mir zu kommen, weiß ich, dass die Chance, diese Menschen zu sehen, ungefähr bei zwei Prozent liegt. Denn in fast allen Fällen heißt „versuchen", dass wir uns nicht einmal vornehmen, etwas zu tun. Und genau das drücken Sie jedes Mal aus, wenn Sie etwas nur „versuchen" oder „probieren" – sich selbst und auch Ihren Gesprächspartnern gegenüber.

Hören Sie auf damit, sich selbst mit Worten kleinzumachen.

Hier habe ich noch ein paar sehr einfache Verbesserungen für Ihre Sprache mit sich und anderen, die Sie direkt anwenden können:

## Wer ist eigentlich dieser „Man"?

Viele schüchterne Menschen scheuen sich unbewusst, das Wort „ich" zu benutzen und etwas über sich selbst zu sagen. Stattdessen sagen sie „man", wenn sie über sich reden.

Als Coach habe ich gelernt, sehr genau hinzuhören, und gehe meinen Teilnehmern damit regelmäßig auf die Nerven. Doch tatsächlich war mir jeder Einzelne am Ende dankbar dafür, weil er merkte, dass sich etwas bei ihm veränderte, seit er sich traute, „ich" zu sagen, wenn er etwas von sich erzählte.

Die Wirkung auf Sie selbst und andere ist verblüffend: Wir neigen dazu, von „man" zu reden, wenn wir uns vom Inhalt der Erzählung distanzieren möchten. Oft erlebe ich es, dass Menschen in einer Erzählung vom „ich" zum „man" wechseln, wenn es entweder besonders unangenehm für sie war oder wenn es darum ging, dass sie an dieser Stelle die Verantwortung für ihr Handeln nicht übernehmen wollten. Plötzlich wird aus „ich" ein „man", und „man" hat gar nicht mehr so viel mit der Person selbst zu tun. In dem Moment allerdings, wo aus „man" wieder „ich" wird, sind die Gefühle intensiver, und Sie merken, Sie sind wirklich gemeint!

Vielleicht kennen Sie diese Satzanfänge:

- Man müsste ...
- Man sollte ...
- Man könnte ...

Nichts davon hat je zu einer Veränderung geführt – bei niemandem. Und bei Ihnen sicher auch nicht, oder?

### Man sollte? Ich werde!

Wenn Sie bisher in Ihrem Leben solche Aussagen gemacht haben, dann verändern Sie sie genau jetzt: Machen Sie daraus ein „Ich werde!"

Und wenn Sie kein „Ich werde ...“ daraus machen können, weil Sie nicht daran glauben oder es Ihnen doch zu schwierig, zu aufwendig, zu gefährlich erscheint, dann lassen Sie es und erwähnen Sie es einfach nicht mehr. Machen Sie einen neuen Plan und formulieren Sie einen neuen Satz, den Sie mit einem guten Gefühl mit einem „ich“ formulieren können.

Wenn Sie über eine undefinierte Gruppe von irgendwelchen Menschen sprechen, nutzen Sie ruhig „man“ – doch wenn Sie über sich selbst sprechen: *Sagen Sie ab sofort „ich“.*

Wenn es Ihnen möglich ist, bitten Sie einen Freund oder eine Freundin, Sie eine Weile lang darauf aufmerksam zu machen, wenn Sie „man“ sagen, aber eigentlich sich selbst meinen.

## Vergessen Sie Relativierungen

Streichen Sie ab sofort alles, was unnötig relativiert:

- eigentlich
- ein bisschen
- relativ
- irgendwie
- ungefähr
- etwas
- vielleicht

Ich verwende in meinem Buch recht häufig den Begriff „vielleicht“, weil ich Sie ja nicht kenne: Ab und zu wird eine Aussage von mir vollkommen auf Sie zutreffen – und manchmal eben nicht. So vermittle ich Ihnen mit „vielleicht“ den Eindruck, dass ich nicht über Sie urteile, sondern Ihnen nur etwas anbiete. Wenn Sie jedoch über sich selbst beständig in Relativierungen sprechen und bei Ihnen alles „eigentlich“ und immer nur „vielleicht“ und „ein bisschen“ ist, wirken Sie schwach und unschlüssig.

Gerade „eigentlich“ ist dabei besonders tragisch, da jedes „eigentlich“ ja auch für „eigentlich nicht“ steht:

- „Wie geht es dir?“ „Eigentlich ganz gut“ – also nicht wirklich gut, oder?
- „Es war eigentlich ganz schön“ – also nicht so richtig schön.
- „Ich bin eigentlich ganz zufrieden“ – also könnte es auch besser sein.

„Eigentlich“ markiert immer, dass Sie sich mit etwas zufriedengeben, was in Wahrheit besser sein könnte. Das lässt Sie nicht gerade selbstbewusst wirken.

Streichen Sie mindestens die Hälfte aller Relativierungen aus Ihren Sätzen und Sie werden deutlich selbstbewusster wirken. Niemand wird Ihnen den Kopf abreißen, wenn Sie sich trauen, eine klarere Stellung zu beziehen – im Gegenteil.

Natürlich können und sollen Sie nicht davon ausgehen, dass Ihre Meinung die einzig wahre und richtige ist, und das möchte ich Ihnen auch nicht vorschlagen. Es gibt einen sehr viel eleganteren Weg zu relativieren, ohne dass Sie dabei Entscheidungsschwäche oder Unwissenheit vortäuschen müssen. Das sind Redewendungen, die anzeigen, dass Sie sich auf Ihre Erfahrungen oder Ihre Werte beziehen:

- „In meiner Welt …“
- „Für mich …“
- „Soweit ich das sagen kann …“
- „Aus meiner Sicht …“

Das erlaubt jedem anderen nach wie vor, eine andere Sicht oder Meinung zu haben, und dennoch wirken Sie damit deutlich selbstbewusster als mit „eigentlich“ oder „irgendwie“.

## Glauben heißt nicht wissen

Ein weiterer sprachlicher „Verkleinerer“ ist es, Aussagen ein „Ich glaube“ voranzustellen. Wie oft sagen Sie: „Ich glaube“ obwohl Sie eigentlich wissen, dass es kein Glaube ist, sondern eine Tatsache?

Sagen Sie nicht so oft „Ich denke“ oder „Ich glaube“, sondern sagen Sie stattdessen lieber: „Ich bin mir sicher“ oder „Soweit ich weiß“. Das macht einen sehr viel besseren Eindruck. Und selbst, wenn sich Ihr Wissen mal als falsch herausstellen sollte, ist das überhaupt kein Beinbruch. Nur Gott weiß alles. Wenn Sie jedoch immer nur „glauben“, dann werden andere Sie für unsicher halten. Trauen Sie sich, etwas zu wissen!

Und ich weiß, dass Sie wissen, dass Sie es wissen und nicht nur glauben! Nicht wahr? Das können Sie mir gerne glauben ...

## „Müssen“ Sie wirklich?

Wie oft sagen Sie, dass Sie etwas müssen – dabei müssen Sie in Wahrheit gar nicht? Und fällt Ihnen dabei auf, dass „müssen“ häufig direkt eine innere Ablehnung auslöst?

Der Klassiker ist „Ich muss meine Steuererklärung machen“. Nein, tatsächlich müssen Sie das nicht. Sie können es auch sein lassen. Was sind die Konsequenzen? Nun, als Selbstständiger werden Sie dann vermutlich geschätzt, und in den meisten Fällen ist das von Nachteil für Sie. Als Angestellter bleibt es vermutlich bei den Steuern, die Sie bereits gezahlt haben, und Sie bekommen keine Erstattung – was aber wahrscheinlich ist, wenn Sie eine Erklärung abgeben. Wie verändert sich Ihr Wille zur Steuererklärung, wenn Sie fünf Bekannten erzählen würden: „Ich hole mir diese Woche 1000 Euro vom Finanzamt zurück!“ oder „Ich werde diese Woche in nur vier Stunden rund 500 Euro verdienen!“ Vermutlich werden dann nicht nur Sie Ihre Steuererklärung abgeben, sondern auch die fünf Bekannten.

Was wäre, wenn Sie jedes „müssen“ durch „können“ oder „dürfen“ ersetzen? Oder einfach durch „werden“?

Statt „Ich muss heute noch putzen“ sagen Sie „Ich will noch putzen“ oder „Ich werde noch putzen“. Statt „Ich muss noch duschen“ sagen Sie „Ich will noch duschen“. Statt „Ich muss da was ändern“ sagen Sie „Ich darf da noch was ändern“ oder „Ich kann da noch was ändern“ oder eben „Ich werde da etwas ändern“.

Sie werden erstaunt sein, wie sehr Sie das verändern wird.

## Streichen Sie Flüche und Schimpfworte

Schimpfworte und Flüche, egal ob ausgesprochen oder nur gedacht, sind ein Ausdruck großer Frustration und Autoaggression. Leider ist es nicht so, dass Sie sich „abreagieren“, wenn Sie sie nutzen. Es ist eher so, dass Sie sich noch weiter in Ihren Ärger oder Frust hineinsteigern und ihn damit auch noch rechtfertigen. Letztlich schaden Sie sich damit selbst am meisten.

Wenn es Ihnen nicht gelingt, nicht zu fluchen: Ersetzen Sie negative Schimpfwörter in Ihrem Kopf durch andere, lustigere – das ist tatsächlich möglich und hat eine erstaunliche Wirkung. Machen Sie sich eine Liste Ihrer meistbenutzten Schimpfwörter und schreiben Sie daneben alberne Alternativen. So kann aus „Sch ...“ zum Beispiel „Häufchen“ werden oder aus „Sch ... dreck“ wird „Moppelkotze“ (mein persönlicher Favorit – weil er immer noch ganz schön „stark“, aber dafür irgendwie auch sehr lustig ist).

Statt „Idiot“ sagen Sie einfach: „Genie“! Was glauben Sie, wie interessant das wird, wenn Sie sich selbst mal für ein Genie halten, wenn Sie sich über sich ärgern?!

Je weniger Schimpfworte es in Ihrem Vokabular gibt, desto entspannter werden Sie sein – mit sich selbst und anderen. Probieren Sie es aus!

## „Und" statt „aber"

Immer mal wieder sitzen in meinen Seminaren Menschen, die zu jedem Vorschlag, etwas Neues zu tun, ein „Aber" haben. Es ist ihr Aber, das sie daran hindert, etwas Neues auszuprobieren, und vielleicht haben auch Sie beim Lesen dieses Buches schon das ein oder andere Aber im Kopf gehabt.

Wenn meine Kursteilnehmer ihre Sätze mit „Aber" beginnen, dann weiß ich, dass sie im Widerstand sind. Sie suchen Gründe, Ausflüchte und Wege, die rechtfertigen, warum sie das Neue nicht probieren „müssen". Es ist das Aber, das sie davon abhält, loszugehen, etwas anzunehmen, die Perspektive zu wechseln ... Und natürlich kann es sein, dass eine neue Verhaltensweise nicht sofort zum gewünschten Ergebnis führt. Was beweist das?

Wenn etwas nicht funktioniert, tue etwas anderes! Und die Betonung liegt hier auf: tun! In der Theorie gibt es für alles einen Einwand, ein Risiko, ein Gegenargument. Nur in der Praxis, im wirklichen Tun, kann es Veränderung geben. Doch ein Aber stoppt alles, was in Bewegung kommen könnte.

Das Aber ist auch ein Nein, denn es relativiert oder wischt sogar weg, was Sie vorher gesagt haben:

- „Es war ein schöner Abend, aber ..."
- „Ich mag dich, aber ..."
- „Ich verstehe dich ja, aber ..."
- „Ich würde ja gerne, aber ..."

In nahezu allen Fällen, in denen Sie ein Aber verwenden, könnten Sie so viel Besseres erreichen, wenn Sie stattdessen ein „Und“ verwenden – selbst *wenn* Sie einen Einwand haben!

- „Es war ein schöner Abend, und er hätte mir noch viel besser gefallen, wenn ...“
- „Ich mag dich und ich möchte dir sagen ...“
- „Ich verstehe dich, und es tut mir leid, dass ich dir in dieser Sache nicht weiterhelfen kann.“

Dies ist eine der spannendsten Veränderungen Ihrer Sprachstruktur, und Sie werden überrascht sein, wie die Veränderung vom Aber zum Und Sie plötzlich in Lösungen anstatt in Verhinderungen und Ausflüchten denken lässt!

**Verändern Sie Ihre Sprache, und Sie verändern Ihre Wirklichkeit! Verändern Sie Ihre Wirklichkeit, und Sie verändern sich selbst.**

## Übungen gegen schüchternes Verhalten und Denken

Wenn Sie Ihre Hemmungen und Ihr schüchternes Verhalten verändern möchten, müssen Sie zunächst Ihr Denken verändern. Damit haben Sie im letzten Kapitel bereits begonnen, z. B. wenn Sie anders mit sich sprechen und das Wort „zu“ streichen. Wenn Sie eine andere Wirkung erzielen möchten, verändern Sie Ihr Handeln. Das macht besonders viel Spaß: Wenn Sie anders denken und etwas anderes tun und dann mit anderen Reaktionen belohnt werden, werden Sie merken, wie einfach es ist. Und es wird Ihnen noch leichter fallen, immer mehr und immer wieder anders, besser, zu handeln, als Sie es in der Vergangenheit getan haben. Deshalb werden Sie in der Zukunft bessere Entscheidungen treffen und bessere Ergebnisse erzielen. Freuen Sie sich schon einmal darauf, während Sie sich vorbereiten.

## Fear Setting

Wenn Sie als schüchterner Mensch daran gewöhnt sind, in neuen Vorhaben erst einmal das Risiko oder die Gefahr zu sehen, bin ich sicher, die erste Übung wird Ihnen sehr gefallen. Der Autor und Unternehmer Tim Ferris hat sie entwickelt und verbreitet, und sie funktioniert wirklich ganz hervorragend.

Beginnen Sie jetzt direkt damit:

Der griechische Philosoph Seneca erkannte bereits vor rund 2000 Jahren etwas, das bis heute nichts an Gültigkeit verloren hat: Wir leiden mehr unter unseren Gedanken als an den Tatsachen.

Dies nahm Tim Ferris zum Anlass, sich konstruktiv mit seinen Ängsten auseinanderzusetzen, denn er bemerkte: Wann immer er sich Ziele setzen wollte, begann er, sich selbst zu sabotieren. Und so entwickelte er folgende sehr einfache Übung – er nennt das „Fear Setting", also in etwa „Angstbestimmung".

- Haben Sie Angst, Ihren stressigen/unterbezahlten Job zu kündigen?
- Scheuen Sie sich, eine längst fällige Gehaltserhöhung einzufordern?
- Möchten Sie sich „eigentlich" schon ganz lange selbstständig machen?
- Schieben Sie ein wichtiges Gespräch mit einem Freund/einer Freundin, einem Elternteil oder Ihrem Partner vor sich her?
- Würden Sie gerne ein Sabbatical nehmen oder eine lange Reise machen, aber Sie trauen sich nicht?
- Gibt es da jemanden, den Sie sehr gerne mögen – aber er/sie weiß nichts davon, weil Sie sich nicht trauen, das anzusprechen?

Meistens sind genau das die Dinge, die wir wagen müssen, damit wir glücklicher und erfolgreicher sein können. Genau dafür ist „Fear Setting".

### Drehen Sie den Spieß um!

Schreiben Sie sich Folgendes auf – und machen Sie diese Übung wirklich schriftlich. Es ist wichtig, dass Sie alle Antworten vor sich sehen!

**1. Was haben Sie vor bzw. wovor fürchten Sie sich?**
**Was möchten Sie gerne tun, ändern, erreichen, anfangen?**
**Was ist es, was Sie sich noch nicht trauen?**

Das können jeweils kleine oder auch große Dinge sein: Es könnte sich beziehen auf die Veränderungen durch das Nicht-mehr-schüchtern-Sein, aber auch auf etwas in konkreten Situationen. Zum Beispiel jemanden, der Ihnen gefällt, ansprechen. Oder auch etwas Längerfristiges wie einen neuen Job annehmen. Immer wenn es um ein Vorhaben geht, bei dem Sie aus Angst zögern, hadern, zweifeln oder einfach blockieren: Machen Sie genau das. Also: Was haben Sie vor?

**2. Machen Sie dann eine Liste mit drei Spalten.**

Schreiben Sie in die erste Spalte: Was sind schlimme Dinge, die passieren könnten? Malen Sie sich mindestens zehn negative Folgen aus, die passieren könnten! Geben Sie Ihrer Fantasie freien Raum und überlegen Sie, was alles an Schwierigkeiten, Querelen, Problemen, Nachteilen für diesen Fall eintreffen könnte.

Bewerten Sie dann auch bei all diesen negativen Folgen den dauerhaften Schaden in Ihrem Leben, wenn diese Dinge eintreten sollten, am besten auf einer Skala von 1 (nicht so schlimm) bis 10 (quasi lebensbedrohlich).

Schreiben Sie in die zweite Spalte daneben: Was könnten Sie tun, damit es nicht zu dieser negativen Folge kommt? Könnte Sie irgendeine „Sicherung“ in Ihr Handeln einbauen, damit das nicht passiert? (Kneifen gilt aber nicht!) Gibt es eine bestimmte Art, wie Sie so handeln könnten, dass diese negative Folge möglichst nicht eintritt?

Schreiben Sie in die dritte Spalte: Falls Sie diese schlimme Folge nicht verhindern können, was könnten Sie tun, um die ganze Sache irgendwie zu retten oder zu „reparieren"? Also wenn es schon passiert ist, gibt es irgendeine Möglichkeit, den „Schaden" zu begrenzen?

Wenn Sie das getan haben, haben Sie einen guten Überblick über alle möglichen negativen Auswirkungen oder Risiken und alle möglichen Strategien, diese zu verhindern oder zu begrenzen.

**3. Machen Sie eine Liste mit den möglichen positiven Auswirkungen.**
Schreiben Sie sich auf: Was könnten die positiven Auswirkungen sein, wenn es gut geht? Was sind die Chancen, die guten Dinge, die passieren können, wenn Sie sich trauen und tun, was immer Sie da vorhaben? Finden Sie auch hier wieder mindestens zehn – gerne auch mehr – Punkte.

Und geben Sie auch hier Punkte auf einer Skala von 1 bis 10: Was ist der positive dauerhafte Wert dieser Dinge für Ihr Leben, wenn das eintritt?

Und jetzt kommt der wichtigste Teil, den Sie unbedingt brauchen, um zu erkennen, was notwendig ist:

**4. Machen Sie eine dritte Liste mit den „Kosten".**

- Was kostet es Sie finanziell, gesundheitlich und emotional innerhalb der nächsten sechs Monate, wenn Sie es nicht tun? Was wird Ihnen entgehen? Was wird Ihnen fehlen, wenn Sie es nicht tun?
- Wie wird Ihr Leben in sechs Monaten aussehen, wenn Sie das, was Sie sich nicht trauen, weiter vor sich herschieben und es nicht tun?
- Was kostet es Sie innerhalb der nächsten 18 Monate, wenn Sie es nicht tun? Finanziell, gesundheitlich und emotional. Wie wird Ihr Leben in eineinhalb Jahren aussehen?
- Was kostet es Sie finanziell, gesundheitlich und emotional innerhalb der nächsten fünf Jahre, wenn Sie es nicht tun?

Überlegen Sie sich wirklich genau, von dem ausgehend, was die ersten sechs und die nächsten 18 Monate alles nicht stattfindet: Wie wird Ihr Leben in fünf Jahren aussehen, wenn Sie es nicht tun, nicht getan haben? Und in zehn – oder in zwanzig Jahren?

Notieren Sie sich Stichpunkte dazu: Was wird Ihnen emotional, in Ihrer Persönlichkeitsentwicklung, in Ihrem Liebesleben, im Bereich der sozialen Kontakte und Beziehungen, im Beruf, in finanzieller Hinsicht und in Sachen Gesundheit und Wohlbefinden entgehen? Was werden Sie verpassen oder nicht verwirklichen können, wenn Sie nicht tun, was zu tun ist?

Diese Technik ist auch geeignet für Dinge, von denen Sie glauben, dass Sie sie tun „müssen“: Machen Sie sich die Mühe und machen Sie dafür ein „Fear Setting“. Sie stellen schnell fest, ob Sie wirklich „müssen“ oder ob Sie stattdessen entweder „wollen“ (was eine ganz andere Motivation auslöst) oder ob Sie es auch „lassen“ können.

## Vergleichen Sie die „Kosten“ mit den „Chancen“

Sie haben im ersten Schritt alles, was passieren könnte, durchdacht und mögliche Wege gefunden, wie Sie die Gefahren, Risiken oder mögliche negative Auswirkungen in den Griff bekommen könnten. Wenn Sie jedoch vergleichen, was Ihnen entgeht, mit dem, was Sie bekommen können, sollte Ihnen die Entscheidung sehr leichtfallen.

In einem populären Vortrag der Organisation „Ted Talks“ erzählt Tim Ferris von einem seiner Vorbilder: Jerzy Gregorek. Tim bezeichnet ihn als einen der zehn erfolgreichsten und glücklichsten Menschen, die er in seinem Leben kennenlernen durfte: Der mehrfache Weltmeister im Gewichtheben und vielfach ausgezeichnete Autor und Philosoph (was für eine Mischung, oder?) kam 1986 als politischer Flüchtling aus Polen mit absolut nichts in die USA. Und er bringt sein Erfolgsgeheimnis in einen Satz:

*„Easy choices, hard life. Hard choices, easy life."*

Also sinngemäß: Wenn du immer die einfachste Wahl triffst, wirst du ein schweres Leben haben. Wenn du die schwere Wahl triffst, wirst du ein leichtes Leben haben.

### Sie haben die Wahl!

Etwas nicht zu tun, sich zurückzuhalten, sich etwas nicht zu trauen – das ist meist die vermeintlich einfachste Wahl, die auf lange Sicht aber zu einem „schweren" Leben führt. Schwer, weil Sie so fast nie bekommen, was Sie sich wünschen. Schwer, weil Sie damit immer wieder den Kürzeren ziehen. Schwer, weil Sie sich nicht weiterentwickeln und nicht wachsen. Schwer, weil Sie immer wieder das Opfer sein werden.

Sich etwas zu trauen, etwas Neues zu wagen, für sich selbst einzustehen, den Mund aufzumachen, ein Risiko einzugehen – das erscheint oft die schwere Wahl, doch am Ende sorgt sie für ein leichteres Leben: Denn Sie werden viel öfter bekommen, was Sie wollen, als abgelehnt zu werden. Sie werden sich weiterentwickeln und Sie werden kein Opfer mehr sein, weil Sie nun selbst aktiv dabei sind, Ihr Leben zu gestalten.

Nehmen Sie sich diese Übung in den nächsten Wochen wieder und wieder für alles möglich her, was Sie sich noch nicht trauen oder schon lange vor sich herschieben. Sie werden verblüfft darüber sein, wie sehr sich Ihr Denken zum Positiven verändern wird, wenn Sie sich diese Übung zur Routine machen.

Nach einigen Wochen werden Sie spüren, wie sich Ihr Denken nach und nach verändert und Sie im Geist bereits ganz automatisch in den Strukturen des Fear Settings unterwegs sind.

Und so wird Ihr Leben leichter und leichter – genau wie Ihre Entscheidungen.

## Unsicherheit und soziale Akzeptanz

Ein häufiges Problem vieler schüchterner Menschen ist das Gefühl, nicht dazuzugehören, und die Angst vor Ablehnung durch andere.

Was den meisten schüchternen Menschen dabei nicht auffällt, ist, dass sie mit diesem Gedanken selbst für die selbsterfüllende Prophezeiung sorgen. Schüchterne Menschen zeigen oft keinerlei Regung in der Begegnung (bzw. Nichtbegegnung) mit anderen – sie erwidern keinen Blickkontakt, gehen nicht auf andere zu, zeigen keine Zeichen von Interesse oder Sympathie. Und das alles, weil sie unsicher sind und nicht wissen, ob sie erwünscht sind, gemocht werden und so weiter.

Ganz ehrlich: Wie soll man jemanden mögen, der einem kein Zeichen von Interesse, Freundlichkeit oder Sympathie zeigt?

Als schüchterner Mensch ist Ihnen Ihr Verhalten vollkommen plausibel: Sie sind schüchtern – Sie haben Angst, abgelehnt zu werden. Also tun Sie: nichts. Tatsächlich aber tun Sie sehr wohl etwas: Sie erwarten von Ihrer Umwelt, dass diese erkennen kann, dass Sie nur aus Unsicherheit nichts tun und dass die jeweils anderen Ihnen zuerst entgegenkommen.

### Wie würden Sie das sehen?

Wenn Sie einmal von sich selbst und Ihren Gründen absehen: Wie würden Sie ein Verhalten bezeichnen, wenn es gekennzeichnet ist von der Vermeidung von Blickkontakt und keinerlei Zeichen von Sympathie oder Interesse?

Also in der Praxis: Sie schauen jemanden an, dieser Jemand schaut weg. Sie lächeln jemandem zu, dieser Jemand lächelt nicht zurück. Sie unterhalten sich mit einer Gruppe, und einer in dieser Gruppe redet nicht mit Ihnen und ignoriert Sie ...

In meiner Welt würde ich denken: *„Die oder der mag mich nicht. Der will nichts mit mir zu tun haben. Er/sie lehnt mich ab."* Machen Sie sich klar, dass Sie als Schüchterner mit anderen Menschen permanent das machen, wovor Sie sich selbst am meisten fürchten! Sie lehnen andere Menschen immer wieder ab. Sie haben ein wichtiges und für Sie plausibles Motiv: Ihre eigene Angst vor Ablehnung.

Wie sage ich in meinen Kursen immer so gerne: Wenn ich den ganzen Tag andere Menschen ablehnen würde, dann hätte ich wahrscheinlich selbst auch Angst vor Ablehnung. Warum sollte es mir besser gehen als all den Menschen, die mir den ganzen Tag begegnen?

Stellen Sie sich vor, Sie würden das aussprechen: „Ich fürchte, du wirst mich ablehnen, aber da mache ich dir einen Strich durch die Rechnung: Ich lehne dich nämlich zuerst ab, dann hast du gar keine Chance, mich abzulehnen! Ätsch!"

Ich weiß, diese Erkenntnis ist nicht sehr angenehm. Viele schüchterne Menschen haben hart daran zu kauen, dass ich ihnen ihr Verhalten gewissermaßen als Arroganz zeige. Doch dies zu erkennen, kann eine große Befreiung sein: Sie müssen ja nicht von heute auf Morgen vom Kontaktvermeider zum Salonlöwen werden, der jeden Menschen in seinen Bann zieht. Gerade, wenn Sie einer der „freiwillig Schüchternen" sind, weil Sie introvertiert oder hochsensibel sind, wollen Sie das vermutlich gar nicht. Machen Sie sich dennoch klar, dass Ihr Verhalten anderen gegenüber ablehnend ist und dass Sie damit anderen ständig das antun, was Sie selbst so sehr fürchten.

Niemand kann in Ihren Gedanken lesen: Viele Menschen, die aus Schüchternheit ruhig sind und nichts sagen, verhindern selbst am allermeisten, dass man sie annehmen und mögen kann, weil ihr Schweigen auch als unheimlich wahrgenommen werden kann.

PRAXISBEISPIEL

## „UNHEIMLICH" SCHÜCHTERN

*Ich erinnere mich an Rafael, der sehr schüchtern war, sich aber sehnlichst eine Freundin wünschte. So versuchte er immer wieder mit Frauen ins Gespräch zu kommen. Er wollte nicht stören und versuchte, einen möglichst günstigen Zeitpunkt zu erwischen, um die jeweilige Frau oder eine Gruppe von Frauen anzusprechen. Leider klappte das nie: Immer wenn er dachte, dass er einen guten Zeitpunkt oder einen guten Aufhänger ausgemacht hatte und auf die Frau(en) zuging, um etwas Passendes zu sagen, erntete er abschätzende Blicke und Ablehnung. Für ihn war es ein klarer Fall, dass Frauen ihn einfach nicht mochten. Im Seminar bat ich ihn, einmal zu zeigen, wie das ablief: Eine Gruppe aus drei Teilnehmerinnen stellte sich in den Raum und begann, sich miteinander zu unterhalten, und er sollte sie ansprechen.*

*Das Feedback, das er daraufhin bekam, veränderte sein Leben. Es war nämlich so, dass ein Teil seiner Taktik darauf beruhte, sich möglichst „unauffällig" und still der Frauengruppe zu nähern und sie zu „belauschen", um etwas aufzuschnappen, das er verwenden konnte. Leider jedoch besaß er keinen Tarnumhang (er war ja nicht unsichtbar), und die Frauen merkten, dass da ein Mann stand, der sie mit versteinerter Miene minutenlang anstarrte und belauschte. Das wirkte extrem unheimlich! Es war selbst den Teilnehmerinnen des Seminars unheimlich, und alle drei sagten übereinstimmend, dass sie ihn abgelehnt hätten, weil sein Anschleichen so spooky wirkte. Das war ihm vorher überhaupt nicht bewusst gewesen. Er hatte so verzweifelt nach einem guten Ansatz gesucht, dass er völlig vergessen hatte, dass er dabei verzweifelt und nahezu furchterregend wirkte.*

Viele Menschen stehen sich selbst im Weg, weil sie mehr damit zu tun haben, Gefahren abzuwägen, zu warten und zu zweifeln und währenddessen vollkommen vergessen, worum es wirklich geht: um Kontakt.

Kontakt muss nicht heißen, dass Sie ein fertig ausgearbeitetes Skript haben, einen tollen Spruch, eine perfekte Ansprache oder dass Sie auf die perfekte Gelegenheit warten. Kontakt bedeutet, dass Sie jemand anderen anschauen und in diesem Moment das tun können, was jetzt, in genau diesem Moment angemessen ist. Vielleicht einfach nur Blickkontakt. Vielleicht ein Lächeln. Vielleicht ein Hallo. Und vielleicht bleibt es dabei – aber vielleicht geht es auch weiter, doch das ist in diesem ersten Moment überhaupt nicht relevant.

### Was sind Ihre Kriterien?

Wie ich Ihnen bereits im letzten Kapitel schilderte: Wenn Sie sich immer wieder aus Situationen zurückziehen, um über die Situation nachzudenken, ist die Situation nicht mehr die Situation.

Sie könnten sich auch einmal fragen: Was mag ich an Menschen? Und was mag ich nicht? Was finde ich an anderen sympathisch? Und was unsympathisch?

In meinen Kursen höre ich immer wieder:

- Ich mag an Menschen, wenn sie mich freundlich anschauen.
- Ich finde es sympathisch, wenn jemand über sich selbst lachen kann oder sich eben nicht so ernst nimmt.
- Ich mag es, wenn Menschen auf mich eingehen oder wenn ich merke, dass sich jemand wirklich für mich als Mensch interessiert.
- Ich mag es nicht, wenn ich Menschen nicht einschätzen kann.
- Ich finde es unsympathisch, wenn sich jemand nur für sich selbst interessiert.

Das scheinen bei den meisten Menschen gängige Kriterien dafür zu sein, ob sie jemanden sympathisch finden. Vielleicht können Sie dem auch zustimmen?

Wenn das dic Kriterien sind, die für fast alle Menschen gelten, um jemanden nett und sympathisch finden zu können, dann müsste man ja eigentlich nur diese Dinge „zeigen" können, um von den meisten Menschen als nett und sympathisch wahrgenommen zu werden.

Fragen Sie sich, wie viel davon Sie selbst zeigen:
- Schauen Sie andere freundlich an?
- Nehmen Sie sich selbst nicht so ernst oder lachen Sie über Ihre Missgeschicke und dergleichen?
- Gehen Sie auf andere Menschen ein?
- Zeigen Sie Interesse an anderen?
- Ermöglichen Sie es anderen, Sie einschätzen zu können?
- Interessieren Sie sich mehr für andere als für sich selbst?

Die meisten schüchternen Menschen, die ich kennenlerne, versagen leider bei fast allen dieser Kriterien. Dabei ist es gar nicht schwierig, es werden keine Wunder und keine Pulitzerpreis-verdächtigen Kommentare von Ihnen erwartet. Andere möchten lediglich von Ihnen, dass Sie sich so verhalten, wie Sie es sich von den anderen wünschen.

Die meisten Menschen – nicht nur die schüchternen – denken sehr viel über sich selbst nach und interessieren sich mehr für sich als für andere:
- Was muss ich tun, damit der andere so reagiert, wie ich möchte?
- Was könnte mir passieren, wenn ich dieses und jenes mache?
- Ob der andere mich wohl mag?
- Wie könnte ich verhindern, dass ich abgelehnt werde?
- Ich werde bestimmt sowieso abgelehnt!

Dies sind typische Sätze, die meinen Seminarteilnehmern durch den Kopf gehen, wenn sie jemanden sehen, den sie attraktiv finden – und keiner dieser Gedanken hat irgendwas mit dem anderen zu tun. Es geht in allen Fällen nur um sich selbst.

Wie wäre es, wenn Sie sich stattdessen tatsächlich für den anderen interessieren würden und nicht nur dafür, was Sie tun müssen, ob Sie gemocht werden oder was Ihnen passieren könnte?

Das wäre der Moment, in dem Sie tatsächlich sympathisch *sein* (und nicht nur „wirken“) könnten.

## Aktion und Reaktion

Als schüchterner Mensch erhoffen Sie sich von anderen eine positive „Reaktion“, ohne sich selbst „in Gefahr“ zu bringen. Doch jede *Re*aktion ist schon vom Namen her eine Antwort auf eine Aktion. Und wenn Ihre Aktion ein Pokerface ist – was glauben Sie, wie die logische Antwort darauf nur sein kann?

Sie müssen aufhören, andere abzulehnen – egal aus welchem Grund. Solange Sie weiter Ihr ablehnendes Verhalten zeigen, wird niemand freundlich auf Sie zugehen. Es gilt also, anderen zu zeigen, dass Sie sie wahrnehmen und dass Sie keine „Gefahr“ darstellen (sprich: freundlich sind).

Um positives Feedback zu bekommen, müssen Sie zunächst einfach nur positiv in Erscheinung treten: Es muss für andere Menschen möglich sein, Sie wahrzunehmen und einen positiven Eindruck von Ihnen zu bekommen. Je mehr positives Feedback Sie bekommen, umso stärker wird Ihr Gefühl von sozialer Akzeptanz: Sie werden sicherer darin, von anderen gemocht und bestätigt zu werden. Und Sie können ganz klein anfangen.

Die Schriftstellerin und Bürgerrechtlerin Maya Angelou hat sich viel damit auseinandergesetzt, wie Menschen miteinander interagieren, und durch ihre Beobachtungen vier Fragen identifiziert, die wir einander unbewusst beständig stellen:

1. Siehst du mich?
2. Interessiert es dich, dass ich hier bin?
3. Bin ich genug für dich oder brauchst du mich auf irgendeine Weise besser?
4. Kann ich erkennen, dass ich etwas Besonderes für dich bin, durch die Art, wie du mich ansiehst?

Wir stellen sie den Menschen, die wir lieben, mit denen wir beruflich zu tun haben, aber auch denen, die wir im täglichen Leben treffen: dem Kassierer im Supermarkt, unseren Nachbarn, den Leuten, die uns im Zug gegenüber sitzen und natürlich auch denen, die wir attraktiv finden und mit denen wir eigentlich gerne flirten würden.

## Wie stellen Sie diese Fragen?

Tatsächlich werden diese vier Fragen nur äußerst selten ausgesprochen – genau, wie sie auch nur selten mit Worten beantwortet werden. Sie werden fast immer im Stillen gestellt, weil sie den meisten Menschen gar nicht bewusst sind. Und doch stellen und beantworten wir sie immer wieder.

Wenn die (stille) Antwort auf jede der vier Fragen ein sicheres Ja ist, kommen wir der Person näher, finden sie sympathisch oder sogar liebenswert und fühlen uns gut mit ihr. Stellen wir die vier Fragen unserem Partner in einer Beziehung und erhalten darauf ein Ja, fühlen wir uns geliebt. Bleiben die Fragen unbeantwortet oder erhalten wir sogar ein Nein, führt das unweigerlich zu mehr Distanz und dem Gefühl des Getrenntseins oder Ablehnung.

Egal, ob es Ihre Kinder oder Eltern, Ihre Kollegen, Ihr Partner oder jemand aus Ihrer Nachbarschaft ist: Wenn Sie sich von jemandem geschätzt fühlen, dann vermutlich, weil er/sie Ihnen diese vier Fragen durch sein Verhalten positiv beantwortet. Wenn jemand sich wirklich von Ihnen geschätzt fühlt, liegt es daran, dass Sie ihn so behandeln, dass er diese vier Fragen positiv beantwortet bekommt. Und der „Trick“ dabei ist ganz einfach: Es geht darum, dass Sie sich die Zeit nehmen, jemanden *wirklich* zu sehen, wenn Sie ihn anschauen. Sie sind in diesem Moment *wirklich* da und präsent und bei diesem Menschen. Jedoch tendieren wir dazu, im Geist oft woanders zu sein als im gegenwärtigen Moment. Die meisten Menschen (egal ob schüchtern oder nicht) sind sehr häufig abwesend – ihre Gedanken sind nicht da, wo ihr Körper sich gerade befindet.

Wir alle tun das. Wir rauschen durch den Tag und übersehen und übergehen dabei wundervolle Momente voller Einzigartigkeit, Zuwendung, Liebe und Magie. Und dabei übersehen wir, wie wichtig und hilfreich es sein könnte, präsent zu sein und im Kontakt mit anderen Menschen.

Genau das macht es so schwer, miteinander in Kontakt zu kommen: Wenn man nicht „anwesend“ ist, kann man auch nicht in Kontakt kommen. Man kann sich nicht „sehen“, wenn man gar nicht „da“ ist. Doch Sie selbst haben die Wahl, ob Sie ein „Sehender“ sein möchten, der präsent und in der Gegenwart lebt und die Möglichkeit anbietet, die oben genannten Fragen zu beantworten, oder ob Sie abwesend und einsam in einer Blase aus Gedanken existieren möchten.

Warten Sie daher nicht länger darauf, dass andere Menschen sich die Zeit nehmen, Ihnen die Fragen zu beantworten, sondern nehmen Sie sich die Zeit und beantworten Sie sie den anderen.

Und wie tun Sie das?

Ich ermutige Sie nicht zu intensivem „Starren“ mit jedem einzelnen Menschen, auf den Sie treffen, aber was ich so oft im Coaching oder im Seminar höre, ist Folgendes:

- Sie schaut mich zwar an, aber es ist eher, als würde sie durch mich hindurchschauen.

- Ich wollte gerne Blickkontakt aufbauen, aber niemand hat mich angesehen. Alle waren mit sich beschäftigt.
- Ich weiß, dass ich ihm wichtig bin, und objektiv weiß ich auch, dass er mich liebt, aber er ist so oft abwesend und nicht aufmerksam.
- Ich habe nicht den Eindruck, dass jemand bei der Arbeit mich wirklich mag, meine Arbeit schätzt oder es jemanden kümmert, ob ich da bin.

### Wie Sie die Fragen beantworten

Wenn Sie jemanden sehen, lassen Sie ihn wissen, dass Sie ihn sehen!

Es ist eine der Aufgaben in meinem „Komm in Kontakt"-Seminar: Wir geben uns fünf Minuten Zeit, um einander wirklich zu sehen. Die Teilnehmer und auch ich treffen aufeinander und schauen uns an – mit nur einem Gedanken im Kopf: „Ich sehe dich!"

Es ist jedes Mal bewegend, was mit Menschen passiert, wenn sie den permanenten Gedankenfluss von Beurteilung und Verurteilung, die Flucht in oberflächliche Kommunikation oder den Sog von Gedanken über mögliche Gefahren, Chancen, Risiken und so weiter einfach sein lassen – und einfach nur da sind und *sehen*.

Die meisten Menschen bemerken, dass sie sich schon nach kurzer Zeit innerlich sehr viel ruhiger und friedlicher fühlen und dass der Blickkontakt miteinander gar nicht mehr so schwierig ist, wie sie anfangs dachten. Sie erfahren in der Regel auch, dass viele Teilnehmer ihnen plötzlich sehr viel sympathischer und attraktiver erscheinen als zu Beginn. Es ist eine der einfachsten Methoden, Ihr Selbstvertrauen und Ihre Ausstrahlung zu stärken.

Denn das sind ganz natürliche Folgen, wenn wir bereit sind, andere Menschen wirklich zu sehen. Zu sehen – ohne das Theater der Gedanken, Vorurteile und Ängste, dass wir uns in unserem eigenen

Kopf dazu vorspielen. Denn genau dann sind wir präsent – sind wir da im Hier und Jetzt.

Beginnen Sie heute damit, Menschen zu sehen: Nehmen Sie ein bisschen Tempo raus, nehmen Sie sich eine Sekunde, um Ihr Gegenüber tatsächlich anzusehen. Nur eine extra Sekunde. Buchstäblich eine. Schauen Sie die Menschen in der Bäckerei, an der Supermarktkasse, im Bus – ganz egal wo – wirklich an. Es hilft, wenn Sie anfangs dabei diesen Satz denken: „Ich sehe dich!" Ihn in Gedanken zu wiederholen ist nämlich ungefähr die eine Sekunde, die es braucht, um wirklich zu sehen.

### Das Sehen in der Liebe

Und um bei buchstäblich zu bleiben: Wenn Sie jemanden lieben, zeigen Sie etwas Liebe! Lassen Sie die Liebe, die Sie fühlen, auf Ihrem Gesicht, in Ihren Augen und in der Qualität Ihrer Präsenz erscheinen. Sich diesen Moment Zeit zu nehmen und diese extra Sekunde zu investieren ist die Art, wie wir Kontakt und Verbindung miteinander erreichen.

Das führt noch nicht zu einem Gespräch oder gar einem Flirt – wenn das Ihre Absicht ist – aber es ist ein Anfang: das erste kleine Stück heraus aus Ihrem Schneckenhaus und hinein in eine Welt, in der Kontakt zu anderen Menschen nicht nur ungefährlich, sondern sogar schön, bereichernd und befreiend ist. Es ist dieser unglaublich einfache Teil der menschlichen Erfahrung, der sich im alltäglichen Vorbeirauschen des modernen Lebens oft verliert. Die eine zusätzliche Sekunde ist die Qualität, die Ihre Stimmung zum Besseren nach einem schlechten Tag (oder einer schlechten Woche oder einem schlechten Jahr) formt. Und es ist das Geheimnis der Leute, die wir charmant und sympathisch finden!

Sie müssen dafür kein großer Redner sein, kein Unterhalter und kein Mensch, der immer etwas Interessantes zu erzählen hat (auch wenn das später möglicherweise durchaus helfen könnte): Es genügt, wenn Sie in der Lage sind, anderen Menschen durch Ihr Verhalten die Fragen mit einem Ja zu beantworten.

### Kontaktvermeidung ist keine Lösung

Die Wahrheit ist: Wir können vielleicht ohne Kontakt und Verbindung auskommen, zumindest für eine Zeit, aber wenn wir wirklich gedeihen wollen, müssen wir uns miteinander verbinden.

Die Verbindung basiert nicht darauf, wie viel Zeit wir mit jemandem verbringen, wie gut wir uns kennen oder was wir mit jemandem unternehmen – die Verbindung basiert vielmehr auf der Qualität der Präsenz. Deshalb verlieben wir uns in Menschen, mit denen wir uns lebendig fühlen, denn auf einer gewissen Ebene sind wir alle verzweifelt auf der Suche danach, präsenter – mehr im Jetzt – zu sein.

Es ist nicht nötig zu meditieren oder spezielle Atemtechniken zu erlernen, um präsent und im Jetzt zu sein. Es ist eine Ein-Sekunden-Entscheidung: „Okay, ich werde nun präsent sein! Ich sehe dich!“ Es ist keine Entscheidung, die Sie am Morgen treffen und über die Sie dann nicht mehr nachdenken müssen. Es ist eine Entscheidung, die Sie während des Tages wieder und wieder und wieder treffen.

Wenn Sie sich über den Tag verteilt einfach immer wieder daran erinnern, dass Sie präsent, im Hier und Jetzt sein und andere Menschen wirklich sehen möchten, ist das genug.

Es ist eine tägliche Übung, die Sie immer wieder machen können. Sie kostet nichts. Sie braucht noch nicht einmal Mut, und Sie können dabei auch nicht abgelehnt werden, da Sie nichts verlangen: Sie sind einfach nur präsent und bereit, Ihre Mitmenschen wirklich zu sehen.

Machen Sie jedoch nicht den Fehler, dass Sie insgeheim verlangen, ebenfalls von allen direkt gesehen zu werden. Leider wissen die Allerwenigsten um das Geheimnis der vier Fragen und des Sehens. Genau das ist ja der Grund, warum es so viele schüchterne Menschen gibt, warum es so viel Entfremdung unter uns gibt und so viel Einsamkeit.

### … und keiner guckt

Manche Teilnehmer berichten mir, wie frustrierend sie es fanden, dass bei einer Übung am Samstagnachmittag in der Innenstadt kaum jemand ihren Blickkontakt erwiderte. Dass kaum jemand da war, der bemerkte, dass er gesehen wurde, und es keinen interessiert hat. Denken Sie mal daran, wie es Ihnen vor der Lektüre dieses Buchs ging. Wie viele Menschen haben Sie früher angeschaut? Noch dazu an einem Samstagnachmittag und in der Innenstadt? Es ist ganz normal, dass die meisten Menschen nicht präsent sind. Seien Sie einer von den anderen! Machen Sie es zunächst ganz egoistisch, nur für sich. Zu Übungszwecken und um zu spüren, dass es so viel besser ist, Menschen wirklich zu sehen, als sie zu verurteilen oder sich vor ihnen zu fürchten!

Und Sie werden auch bemerken, wie positiv es sich auf Ihr Selbstvertrauen auswirkt, wenn Sie in Ihrem täglichen Umfeld damit beginnen, Menschen wirklich zu sehen: in den Geschäften, in denen Sie einkaufen, und in Ihrer Nachbarschaft. Es kann durchaus sein, dass einige Menschen zunächst etwas irritiert darüber sind, wenn Sie spüren, dass Sie von Ihnen wirklich gesehen werden. Aber nach ein paar Begegnungen werden sie sich der angenehmen Wirkung nicht entziehen können, und es wird zur Folge haben, dass viele Menschen sich automatisch freuen werden, Sie zu sehen. Sie werden wahrnehmen können, wie allein durch diese kleine Veränderung Menschen in Ihrem Umfeld beginnen, sich Ihnen gegenüber anders zu verhalten, und Ihnen ihrerseits positive Aufmerksamkeit entgegenbringen.

Und da ist es dann plötzlich: Das positive Feedback, nach dem Sie sich doch immer gesehnt haben. Die positive *Re*aktion – auf Ihre kleine, veränderte Aktion hin. Sie werden überrascht sein, wie viel Einfluss dies auf Ihr Selbstvertrauen haben wird.

Wenn Sie sich in den nächsten Tagen immer wieder mit dem Fear Setting und dem Sehen beschäftigen, werden Sie bereits nach kurzer Zeit erste positive Veränderungen bemerken.

## Für hochsensible Menschen

Falls Sie hochsensibel sind, kann das für Sie sehr anstrengend sein. Es kann Ihnen helfen, wenn Sie Folgendes beherzigen: Sie können andere sehen – aber Sie müssen sich nicht „einlassen". Viele hochsensible Menschen machen den Fehler, dass sie sich zu sehr mit den Menschen um sie herum beschäftigen und zu viel davon auf sich beziehen bzw. zu sehr involviert sind.

Jeder Mensch hat sogenannte Spiegelneuronen: Sie ermöglichen es uns, nachzuvollziehen, wie jemand anderes sich fühlen mag. Wenn wir also in Kontakt mit Menschen gehen, dann sorgen die Spiegelneuronen dafür, dass wir unbewusst für einen winzigen Moment die Haltung und Mimik unseres Gegenübers spiegeln (nachahmen), um nachfühlen zu können, wie er/sie sich gerade fühlen könnte. Menschen, die an Empathielosigkeit leiden, können genau das nicht – man vermutet, dass ihnen Spiegelneuronen fehlen oder dass die „interne Kommunikation" gestört ist. Bei hochsensiblen Menschen scheinen eher zu viele Spiegelneuronen aktiv zu sein, und diese Menschen nehmen sich zu sehr zu Herzen, was sie dadurch wahrnehmen. So kann es häufig zu Reizüberflutungen kommen und dem Gefühl, von den Emotionen anderer Menschen „mitgerissen" zu werden.

Es ist daher wichtig, sich klarzumachen, dass Kontakt nicht bedeutet, dass Sie für die Emotionen anderer Menschen verantwortlich sind oder dass Sie automatisch dieselben haben müssen. Bleiben Sie bei sich selbst – und seien Sie dennoch aufmerksam und offen für andere.

Fritz Perls, der Vater der Gestalttherapie, hatte zu diesem Thema wohl bereits Erfahrung gesammelt – lange bevor es das Modell der „Hochsensibilität“ gab. Er hat folgende Mantras (oder wenn Sie wollen: Gebet, Leitsätze oder Affirmationen) entwickelt, die helfen können, sich immer wieder daran zu erinnern, wie Kontakt und Verbindung entstehen kann, ohne „Verschmelzung“ und Verwicklung.

Wenn Sie das Gefühl haben, dass es Ihnen oft passiert, dass Sie unfreiwillig zu viel von den Emotionen anderer Menschen mitbekommen oder wenn Sie bereits wissen, dass Sie hochsensibel sind, nutzen Sie diese Zeilen: Schreiben Sie sich diese Sätze auf einen Zettel, den Sie an den Spiegel kleben und wiederholen Sie sie täglich, bevor Sie das Haus verlassen:
*Ich bin ich, und du bist du.*
*Ich lebe mein Leben, und du lebst dein Leben.*
*Ich bin nicht auf dieser Welt, um deinen Erwartungen zu entsprechen, ...*
*... und du bist nicht auf dieser Welt, um meinen Erwartungen zu entsprechen.*
*Ich bin ich, und du bist du – und wenn wir uns zufällig treffen und finden, dann ist das schön ...*
*... wenn nicht, dann ist auch das gut so.*

## Eine einfache Rechnung

Sie müssen nicht von jedem Menschen gemocht und angenommen werden. Es ist nicht schlimm, wenn jemand nicht bereit ist, keine Lust hat oder selbst so voller Angst und Misstrauen ist, dass er (oder sie) nicht bereit ist, Sie zu sehen oder kennenzulernen. Es gibt fast acht Milliarden Menschen auf diesem Planeten (8.000.000.000!). Lernen Sie einige von denen kennen, die zu Ihnen passen, und falls das nur 0,01 Prozent der Menschheit wäre, sind das immer noch hundertmal mehr Menschen, als Sie während Ihres Lebens wohl jemals kennenlernen können.

Vielleicht haben Sie erwartet, dass sehr viel kompliziertere „Aufgaben“ zu bewältigen sind, wenn Sie Ihre Schüchternheit verändern möchten? Dann kann ich Sie zum Glück enttäuschen – es ist nicht so schwierig:

- Vergleichen Sie Ihre Verluste mit Ihren Gewinnen.
- Hören Sie auf, andere abzulehnen.
- Seien Sie bereit, Menschen wirklich zu sehen.
- Verändern Sie Ihre Sprache.

Es ist vielleicht die ein oder andere Hürde oder Herausforderung dabei – aber es ist nicht kompliziert. Es bedarf keines aufwendigen Studiums, keiner unmöglichen, großen Veränderung oder langen Vorbereitung. Im Gegenteil: Es ist einfach und Sie können sofort damit beginnen.

Ich weiß, dass diese Aussage möglicherweise Ihren Glaubenssätzen entgegensteht: Schließlich haben Sie Jahre Ihres Lebens damit verbracht, sich einzureden, dass es schwierig ist, sich weniger schüchtern zu verhalten. In meinen Seminaren höre ich immer wieder: „Das Schwierigste daran ist zu verstehen und sich einzugestehen, dass es nicht so schwierig ist, wie man immer dachte!“

Wenn Sie beginnen, die Wirkung und die positive Veränderung zu spüren, werden Sie das wohl auch bald sagen können. Oder vielleicht sind Sie ja sogar schon bereit und können sich darüber freuen, dass ich Ihnen keine James-Bond-mäßigen Aufgaben vorschlage?

Sie werden sehr bald feststellen, dass jede Veränderung es nötig macht, etwas zu tun, das Sie bisher noch nicht getan haben. Und das kann sehr aufregend sein, doch kompliziert ist es nicht. Es ist nur neu. Es ist anders. Und genau das soll es ja auch sein, oder?

# Wie Sie (echte) Freunde finden

Viele Schüchterne leiden darunter, dass ihr Freundes- und Bekanntenkreis recht klein ist, bzw. dass es ihnen schwerfällt, neue Menschen kennenzulernen und so – nach Abschluss der Schule oder des Studiums – ihre sozialen Kontakte beständig stagnieren.

Sich im Erwachsenenalter einen Freundeskreis aufzubauen ist für niemanden ganz einfach und geschieht nicht von allein. Noch schwieriger wird es allerdings, wenn man Hemmungen hat und Kontakt vermeidet.

In den letzten Kapiteln finden Sie alles, was Sie brauchen, um Ihre Hemmungen grundsätzlich zu verlieren und mit Menschen leichter und besser in Kontakt zu kommen, ohne sich ständig die Frage stellen zu müssen, ob Sie gut genug sind. Wenn Sie jetzt Freunde gewinnen möchten und Ihre sozialen Kontakte erweitern wollen, finden Sie in diesem Kapitel hilfreiche Hinweise und jede Menge Ideen dafür.

## Erweitern Sie die Möglichkeiten

Zunächst einmal das Allerwichtigste: Finden Sie heraus, was Ihnen selbst wichtig ist und Spaß macht.

Wenn das einzige, was für Sie zählt, ist, um jeden Preis auf der Welt gemocht zu werden und Anschluss zu finden, wird Sie am Ende niemand wirklich mögen. Es wird auch niemand wirklich was gegen Sie haben – aber niemand wird sich für Sie einsetzen, wird für Sie „brennen“, wird zu Ihnen stehen, wenn Sie nicht für etwas stehen und wenn Sie nicht zu sich selbst stehen. Kein Mensch auf der Welt hat die Aufgabe, Sie zu bespaßen und Ihr Leben besser zu machen, ohne dass Sie dafür einen Anlass geben.

Wenn Sie neue Freunde finden möchten, finden Sie diese am ehesten über gemeinsame Interessen. Also: Wofür interessieren Sie sich?

Wenn ich meine Seminarteilnehmer nach ihren Interessen befrage, so bemerke ich, dass die Teilnehmer, die „grundsätzlich schüchtern" sind, häufig auch eher kontaktlose Hobbys wie Lesen, Joggen, Computerspielen haben. Wenn Ihre Interessen sich ebenfalls überwiegend auf Dinge beschränken, bei denen Sie mit sich allein sind, wird es Zeit, sie etwas zu erweitern. Dafür gibt es zwei Möglichkeiten:

- Erweitern Sie die Palette der Themen und Aktivitäten, für die Sie sich interessieren. Da draußen gibt es so viel zu entdecken. Beginnen Sie, an Aktivitäten teilzunehmen, bei denen Sie mit anderen in Kontakt kommen.
- Erweitern Sie das Spielfeld der Themen und Interessen, die Sie bereits haben: Wenn Sie gerne lesen, gehen Sie zu Lesungen und gründen Sie einen Lesekreis, einen Buchclub oder schließen sich einem an. Wenn Sie gerne Joggen, finden Sie eine Laufgruppe, mit der Sie sich austauschen können. Und so weiter.

Niemand wird an Ihrer Haustür klingeln und Sie fragen, ob Sie einsam sind. Sie müssen schon selbst aktiv werden und das Haus verlassen. Wenn Sie Sport mögen, beginnen Sie einen Teamsport! Wenn Sie Kunst mögen, besuchen Sie Vernissagen, Ausstellungen und Führungen oder treten Sie einem Förderverein oder Kulturverein bei.

Doch das allein – und das wissen Sie vermutlich bereits aus eigener Erfahrung – genügt nicht: Ein schüchterner Mensch, der das Haus verlässt und dann bei einer Veranstaltung mit verschränkten Armen in der Ecke steht, lernt auch im vollsten Raum niemanden kennen.

### Der einfachste Weg zum Kontakt

Seien Sie also auch hier bereit, präsent zu sein, und anstatt beständig nach Möglichkeiten zu suchen, was Sie tun müssen oder was andere über Sie denken könnten: Seien Sie zunächst einfach präsent. Gehen Sie – egal wohin – immer mit der Absicht, Spaß zu haben. Sagen Sie sich stets, dass es schon etwas geben wird, woran Sie Freude haben. Und dann: Haben Sie Freude und zeigen Sie sie!

Menschen werden sich von Ihnen angezogen fühlen, wenn Sie den Eindruck vermitteln können, dass Sie freundlich sind und dass Sie Spaß haben. Viel wichtiger als alles, was Sie sagen könnten, ist, ob Sie einen guten ersten Eindruck machen. Und der beste Weg, einen guten ersten Eindruck zu machen, ist präsent zu sein und zu lächeln. Ein Lächeln ist der beste und schnellste Weg, unserem Gegenüber zu zeigen: „Ich mag dich und freue mich, dich zu treffen!"

Das ist häufig einfacher gesagt als getan, denn der Gedanke „Jetzt muss ich lächeln" ist dabei nicht wirklich hilfreich. Ihre Gedanken sind verantwortlich für Ihre Körpersprache und dafür, wie Sie handeln. Jeder Gedanke ist mit einem Gefühl verknüpft, das sich dann in Form eines Gesichtsausdrucks und einer bestimmten Haltung auch über unsere Körpersprache ausdrückt. Wenn Sie nun also denken „Jetzt muss ich lächeln!", dann haben Sie Ihre beiden Mundwinkel nicht unbedingt positiv motiviert (allein das Wort „muss" kann einem ja die Laune verderben, und dann wird das Lächeln nicht gerade leichter). Es geht also darum, etwas zu denken, was Sie quasi fast von allein zum Lächeln animiert.

Im letzten Kapitel haben Sie von der Magie der Präsenz und des Sehens erfahren. Sie können bei Menschen, die Sie kennenlernen möchten, dann noch einen Schritt weiter gehen: Wenn Sie jemanden sehen, der Ihnen gefällt, könnten Sie sich zum Beispiel denken: „Hallo! Mit dir würde ich gerne ins Gespräch kommen!" Und dann lassen Sie einfach die Mimik zu, die ein solcher Gedanke bei Ihnen auslöst – in der Regel wird das zumindest der Ansatz eines Lächelns sein. Betrachten Sie Ihr Gegenüber und stellen Sie sich vor, wie Sie die Person in Gedanken auffordern, doch einfach mal näher zu kommen. Lassen Sie dabei einfach zu, dass Ihr Gesicht freundlich erwartungsvoll lächelt und Ihr Gegenüber das wahrnehmen kann, was Sie ihm in Gedanken sagen. Sie werden überrascht sein, wie gut das funktioniert!

## Interesse macht interessant

Echtes Interesse ist der Schlüssel zu einem großen Freundes- und Bekanntenkreis. Es geht nicht darum, wie Sie andere beeindrucken können, sondern einzig darum, dass Sie sich wirklich für andere interessieren.

Stellen Sie sich mal vor, wie viel von der Welt Sie nicht kennen und nicht wissen! Und jeder fremde Mensch symbolisiert einen Teil davon: Es sind die Menschen und ihre Geschichten, die unser Leben bunt und interessant machen. Hinter jedem steckt eine Geschichte, stecken hundert Dinge, die Sie lernen und erfahren können.

Ich bin immer wieder aufs Neue begeistert, wenn ich Menschen kennenlerne. Egal ob in meinen Kursen oder wenn ich selbst auf Reisen oder auf Weiterbildungs-Veranstaltungen bin: Wenn ich Menschen frage, was sie gerne machen, welche ihre tollsten Reiseerlebnisse waren oder wovon sie träumen, dann bekomme ich immer wieder Antworten, die mich zum Staunen bringen, und erfahre von Leidenschaften, Wissenschaften, Orten und Konzepten, von denen ich noch nie in meinem Leben gehört habe. Und alles, was ich dafür tun muss, ist: mich zu interessieren.

Um Freunde zu gewinnen, müssen Sie kein guter Geschichtenerzähler sein (auch wenn das unter Umständen helfen kann), Sie müssen kein aufregendes Leben führen (auch wenn das ganz schön sein kann) oder auf irgendeine Art besonders gut aussehend, reich oder berühmt sein – es kann vollkommen ausreichen, wenn Sie ein guter Zuhörer sind und einfach nur gute Fragen stellen!

2016 traf ich die Autorin Elizabeth Gilbert („Eat, Pray, Love") bei einem Kongress in Los Angeles, wo sie einen Vortrag hielt. Sie erzählte davon, dass sie selbst ein eher schüchterner Mensch gewesen sei, doch das, was sie am meisten interessierte, waren Geschichten von Menschen und die Verbindung mit Menschen. Wie könnte es ihr gelingen, auf einer Lesetour, wo sie ständig woanders sein würde, mit den Menschen, die sie traf, eine Verbindung aufzubauen? Sie hatte eine Idee: Sie fragte jeden Menschen, den sie traf – Hotelangestellte, Taxifahrer, Buchhändler, Security Leute, Barkeeper,einfach alle, mit denen sie mehr als nur ein paar Momente in Kontakt war: „What are you most excited about in your life at the moment?" (Also sinngemäß: „Worüber freust du dich gerade in deinem Leben am meisten?" oder „Wovon in deinem Leben bist du gerade am meisten begeistert?")

Sie bekam unglaublich faszinierende Antworten. Die meisten davon waren sehr schön und berührend – und manchmal gerade von Menschen, von denen sie es am allerwenigstens erwartet hätte. Es gab sehr viele, sehr positive Überraschungen.

Doch sie hatte auch noch ganz andere Begegnungen: Als sie einen Taxifahrer fragte, wurde der so garstig, dass er sie fast aus seinem Taxi geworfen hätte: „Wovon ich in meinem Leben am meisten begeistert bin, Lady? Ich fahre dieses sch... Taxi durch diese sch... Stadt für einen sch... Lohn! Worüber sollte ich mich freuen? Ich freu mich auf überhaupt nix!"

Bei einem Verlagstreffen herrschte peinliche Stille, als sie den Mitarbeitern die Frage stellte. Das Interessante allerdings war, dass der Verlagsleiter ihr ein paar Wochen danach schrieb und ihr aufs Herzlichste dankte, dass sie ihm diese Frage gestellt hatte. Sie habe im Nachhinein sehr viel in ihm bewegt.

## Ein Risiko, bei dem es viel zu gewinnen gibt

Ich möchte Ihnen mit dieser Geschichte zeigen, dass es sich lohnt, das Risiko einzugehen, wirklich Interesse zu zeigen: Viele schüchterne Menschen trauen sich das nicht, auch nicht Fragen zu stellen oder etwas über sich zu sagen, aus Angst, dass es unangebracht sein, dass es dumm wirken könnte oder dass sie abgelehnt werden könnten.

Und wissen Sie was? Manchmal ist das auch so!

Es ist ein Risiko, mit dem Sie lernen können umzugehen. Denn die Wahrheit ist: Es ist nichts Schlimmes passiert. Jemand gibt Ihnen lediglich zu verstehen, dass er (oder sie) nicht mit Ihnen in Verbindung treten möchte. Vermutlich wird einer von fünfzig Menschen es nicht zu schätzen wissen, wenn Sie sich für ihn interessieren. Möchten Sie wirklich auf die fünfzig Menschen und ihre Geschichten, auf ihre Zuneigung, ihre Sympathie und den Kontakt mit ihnen verzichten, weil unter ihnen einer sein könnte – ein einziger –, der nicht Ihr Freund werden möchte?

Ich habe dieses „Experiment“ von Liz Gilbert selbst einmal eine Zeit lang durchgeführt. Zwei Monate des Jahres 2017, um genau zu sein. Ich habe dabei einen Menschen erlebt, der sagte, er verstehe die Frage nicht, und der sie nicht beantworten konnte oder wollte. Und einen Menschen, der mir die Frage nicht beantworten wollte, weil er meinte, er wolle mir keine „Standardfragen“ beantworten. Er wollte mir allerdings auch keine anderen Fragen beantworten – er hatte mehr Interesse daran, mir zu zeigen, wie dominant und intelligent er glaubte zu sein, und dass er den Spruch „Wer fragt, der führt“ gut genug kenne, um mich im Grunde gar nichts fragen zu lassen.

Mit anderen Worten: Ich habe mit dieser Frage bei zwei Menschen sehr schnell feststellen können, dass ich nicht mit ihnen verbunden oder befreundet sein „muss“. Mit den 122 anderen, denen ich diese Frage gestellt habe, habe ich wundervolle Begegnungen gehabt und von ihnen tolle Dinge gehört. Einige davon sind Freunde oder doch wenigstens liebe Bekannte geworden!

### Freundschaften sind wertvoll

Sie müssen nicht bei jedem Menschen gut ankommen: Wenn Sie sich Freunde und Bekannte wünschen, dann geht es darum, dass Sie unter den rund acht Milliarden Menschen, die zur Verfügung stehen, die zehn oder zwanzig finden, die gerne mit Ihnen zusammen sind und mit denen Sie auch gerne Zeit verbringen möchten.

Manchmal sind das Menschen, die ähnliche Werte oder Interessen haben wie Sie. Manchmal sind es Menschen, von denen Sie etwas lernen können oder die etwas von Ihnen lernen. Es gibt Freundschaften, die zwischen Menschen unterschiedlicher Generationen bestehen – der sogenannte „väterliche Freund“ oder die „mütterliche Freundin“, aber auch Kumpeleien zwischen Menschen, die gleichaltrig sind und zu guten Freundschaften werden können, wenn Sie sich trauen, die richtigen Fragen zu stellen. Wenn Sie keine Kinder haben, kann die Freundschaft zu Menschen mit Kindern sehr schön sein, auch wenn in diesen Freundschaften Aktivitäten wie spätes Ausgehen eher selten stattfinden ... Viele Eltern sind unglaublich dankbar, wenn sie Freunde und Freundinnen haben, die mal andere Geschichten erzählen als Kinderkrankheiten, Schulsorgen und andere Elternthemen. (Also zumindest wenn ihre erste Euphorie über den eigenen Nachwuchs verflogen ist.)

## Zeigen Sie Initiative

Die Voraussetzung ist immer, dass Sie sich trauen, persönlicher zu werden und echtes Interesse an einem anderen Menschen zu zeigen, das über die gemeinsamen Aktivitäten hinausgeht.

„Wie geht es dir? Ich meine: wirklich!“ kann so eine Frage sein, die Ihrem Bekannten, Ihrer/m Tanzpartner/in, Ihrer Sportbekanntschaft signalisiert, dass er/sie Ihnen wichtig ist. Greifen Sie Dinge auf, die derjenige Ihnen schon einmal erzählt hat, und fragen Sie nach: „Was ist eigentlich aus ... geworden?“ oder „Du hast mir doch neulich erzählt ... Was ist inzwischen passiert?“ So zeigen Sie, dass Sie an Ihre/n Bekannte/n denken und er/sie für Sie von Bedeutung ist.

Zeigen Sie Initiative, lassen Sie andere merken, dass Sie Interesse daran haben, dass aus Ihrer Begegnung eine Bekanntschaft, vielleicht sogar eine Freundschaft werden kann.

Besuchen Sie regelmäßig Veranstaltungen zu Ihren Interessen und sprechen Sie Menschen an, die Sie dort nicht zum ersten Mal sehen – das ist ein perfekter Aufhänger für ein erstes Gespräch: „Ich glaube, wir haben uns neulich schon mal gesehen? Wie lange kommen Sie schon hierher?“ ist ein unaufdringlicher Einstieg.

Lernen Sie, gute Komplimente zu machen! Fast jeder Mensch auf diesem Planeten hört gerne etwas Positives über sich! Einige Anregungen dazu finden Sie im folgenden Kapitel „Sich mehr (zu-)trauen“.

Gehen Sie nicht allein essen, ins Kino oder ins Theater: Finden Sie jemanden, der Lust hat, mitzukommen – nette Kollegen, lose Bekannte oder Leute aus Ihrem Verein oder Ihrer Gruppe. Bieten Sie Unternehmungen an, die über den Kontext Ihres bisherigen Kontakts hinausgehen oder laden Sie Menschen zu sich nach Hause ein – auch wenn Sie kein exzellenter Koch sind: ein paar kühle Getränke und Häppchen gehen immer. Vielleicht gibt es ja auch einen Anlass: ein besonderes Fußballspiel oder ein besonderes Event im Fernsehen oder etwas, das Sie feiern möchten. Durch Einladungen zeigen Sie anderen, dass diese Ihnen wichtig sind – und viele davon werden dieses Kompliment und die Einladung gerne erwidern.

Eine schier unerschöpfliche Quelle sind Kontakte, die Sie bei Seminaren und Veranstaltungen im Bereich Persönlichkeitsentwicklung knüpfen können: Dort ist es durch den Kontext des Seminars normal, dass sich die Teilnehmer untereinander recht schnell gut kennenlernen. Gehen Sie mit oder schlagen Sie selbst vor, abends nach dem Seminar noch etwas gemeinsam zu unternehmen oder essen zu gehen. Tauschen Sie Adressen aus oder knüpfen Sie den Kontakt über die sozialen Netzwerke. Werden Sie Mitglied in einer Übungsgruppe oder gründen Sie eine!

### Organisierte Möglichkeiten

In vielen Städten gibt es die Möglichkeit, über soziale Netzwerke, besondere Plattformen oder Apps Menschen mit ähnlichen Interessen kennenzulernen:

- Meetup
- Groups
- Spontacts

Das sind drei Gruppen, die mir spontan einfallen, in denen Sie jede Menge neue Menschen kennenlernen und Unternehmungen finden können. Auch Interessengruppen bei Facebook oder Xing, VHS-Kurse, Initiativen und Vereine, Gruppen von Menschen, die neu in der Stadt sind, sind eine Goldgrube für neue Kontakte – immer vorausgesetzt, dass Sie aktiv sind, sich zeigen und: sich interessieren.

Gehen Sie neue Wege und probieren Sie etwas aus, das macht Ihr Leben interessanter, es macht Sie flexibler. Und am Ende haben Sie auch noch was zu erzählen, weil Sie etwas erlebt haben! Finden Sie heraus, wer zu Ihnen passt und vertiefen Sie den Kontakt. So werden Sie in wenigen Monaten einen aktiven und lebendigen Freundeskreis haben.

## Sich mehr (zu-)trauen

Wer lange schüchtern war, der hat trotz Erkenntnis und gutem Willen oft noch ein Hemmnis, das aus alter Gewohnheit stammt. Sich mehr zuzutrauen klingt auf dem Papier sehr einfach, ist aber in der realen Welt unter anderen Menschen manchmal gar nicht so leicht.

Gerade wenn man Ihnen vielleicht schon als Kind eingebläut hat, dass die Welt voller Gefahren steckt – wo soll man da anfangen, sich das Gegenteil zu beweisen?

Wenn Sie Angst vor etwas haben, dann gibt es unterschiedliche Kategorien von Ängsten: Ist es die Angst vor dem, was Ihnen passieren könnte? Dann ist es vermutlich eine Angst vor Hilflosigkeit, vor Ohnmacht. Es ist die Angst, verletzlich und etwas ausgeliefert zu sein, das Sie nicht beeinflussen können. Oder ist es die Angst vor einer Handlung: Sie trauen sich etwas nicht, weil Sie Angst haben zu versagen?

Beides resultiert darin, dass Sie befürchten, den Herausforderungen des Lebens nicht gewachsen zu sein.

Und jetzt haben Sie wieder eine ganz einfache Wahl: Sie könnten sich weiterhin verstecken und möglichst vielen Herausforderungen einfach aus dem Weg gehen. *Oder* Sie entscheiden sich, zu wachsen: Sie gehen Herausforderungen an, eine nach der anderen – von kleineren zu größeren. Bis die Angst davor weicht und Sie sich mehr zutrauen. Denn dann müssten Sie keine Angst mehr haben.

## Zustimmung zeigen

Eine ganz ungefährliche Art anzufangen ist, Zustimmung zu zeigen. Werden Sie Ihr neutrales Pokerface Stück für Stück los, indem Sie im Gespräch mit anderen zeigen, wenn Sie mit demjenigen, der gerade spricht, übereinstimmen. Sagen Sie kurze Dinge wie: „Ja, das kenne ich auch“ oder „Das ist mir auch schon passiert“ oder „Das ist ja meistens so“. Oder bestätigen Sie den Erzähler mit einem von Ihnen laut ausgesprochenen: „Toll!“ oder „Wow!“ oder einem Kompliment – was eben gerade passt.

Viele Schüchterne haben Angst, in Konversationen „etwas Falsches“ zu sagen und einen schlechten Eindruck zu machen. Wenn jemand sich traut, etwas zu sagen, und Sie stimmen mit dem Gesagten überein: Dann lassen Sie das hören. Damit können Sie schon mal überhaupt nichts falsch machen. Und Sie werden für andere einschätzbarer. Andere werden sich wohler mit Ihnen fühlen, wenn Sie nachvollziehen können, was Ihre Linie ist – vor allen Dingen wenn es dieselbe ist wie die eigene. Wer hört nicht gerne von anderen, dass sie gut finden, was man denkt und sagt? Übereinstimmung schafft Sympathie!

Das ist schon mal ein guter Anfang.

## Nächste Übung: Fragen Sie nach

Das Nächste ist, nachzufragen: Fragen Sie nach, wenn Ihnen etwas nicht ganz klar ist, aber fragen Sie vor allem auch aus Interesse nach. **Wer Interesse zeigt, ist interessant.**

Wenn Ihnen jemand von einer Reise erzählt, fragen Sie nach! Es gibt so viele Dinge, die Sie erfragen können: *Wie lange warst du dort? War das dein erstes Mal? Würdest du es empfehlen?*

Das sind drei Fragen, auf die Sie vermutlich nur sehr kurze Antworten bekommen. Sie zeigen damit Interesse und bringen den Erzähler nicht aus dem Konzept, wenn er im Redefluss ist.

*Was hat dir dort am besten gefallen? (Warum?) Was hat dich am meisten beeindruckt? Was ist der größte Unterschied zu unserer Kultur?* Das sind drei Fragen, auf die Sie vermutlich auch etwas längere Antworten bekommen. So können Sie mitbestimmen, wie sehr der Erzähler auf Ihre Fragen eingeht und was er Ihnen erzählt. In jedem Fall, egal ob mit einer Frage mit kurzer oder langer Antwort, haben Sie sich am Gespräch beteiligt und sind positiv in Erscheinung getreten.

### Schritt für Schritt

Wenn Sie durch Ihre Schüchternheit bisher in verschiedenen Situationen ungeübt sind, kommen Sie einfach schrittweise heraus und trauen Sie sich jede Woche ein bisschen mehr zu. Beginnen Sie damit, in Gesprächen überhaupt etwas zu sagen, zuzustimmen, dann Komplimente zu machen, später Fragen zu stellen. Wagen Sie sich vielleicht auch an andere, positive Kommunikationsmuster oder sogar längere eigene Wortbeiträge (mehr dazu im nächsten Abschnitt „Schüchternheit ade“) – und dann auch an Negatives wie Grenzen zu setzen, Nein zu sagen, zu widersprechen oder sich zu beschweren. All das ist wichtig, um Ihren persönlichen Freiraum zu halten. Und es ist leichter, als Sie glauben.

Bisher war Ihre Taktik: „Nur nicht auffallen, dann kann niemand meine Grenzen überschreiten, weil ich unsichtbar bin!“

In gewisser Weise ist Ihre Zurückhaltung damit auch eine Strategie, um Kontrolle auszuüben: Wenn Sie selbst weniger tun und weniger zeigen, können andere Menschen weniger über Sie denken und weniger tun, was Ihnen nicht gefallen würde. Das hatte gewiss einige Vorteile – aber eben auch Nachteile. Und diese sind es, die Sie dazu bewogen haben, dieses Buch zu lesen.

Sichtbar zu sein hat durchaus manchmal auch Nachteile, doch sie lassen sich in Grenzen halten, wenn Sie sich künftig mehr zutrauen.

## Beginnen Sie mit der kleinsten Einheit

Die meisten Menschen, die Grenzen überschreiten, tun das tatsächlich nur, weil sie die Grenze nicht bemerken. Nur die allerwenigsten überschreiten sie tatsächlich mutwillig und mit böser Absicht, um Ihnen zu schaden oder sich Ihnen aufzudrängen. Fast immer ist es so, dass Sie nur dann übergangen, überfordert oder überstimmt werden, wenn Sie vorher nicht klargemacht haben, dass das für Sie nicht infrage kommt.

Tasten Sie sich vor: Wenn es aktuell Dinge gibt, die Ihnen immer noch sehr schwerfallen, dann überlegen Sie sich, was eine „kleinere Einheit“ davon wäre, die zunächst machbar erscheint.

PRAXISBEISPIEL

## KAMPF DER PHOBIE

*Mein Klient Christian behauptete, er habe eine Frauenphobie. Wenn er nur daran dachte, eine Frau anzusprechen, wurde er fast ohnmächtig. Wir arbeiteten in einem Intensiv-Coaching zusammen zunächst an seinem Glaubenssystem und der Scham. Dann überlegten wir uns, wie das Ansprechen einer Frau für ihn erträglich werden könnte: So sprach er zunächst Verkäuferinnen an. Er wollte sich ein Hemd kaufen, und wir gingen in verschiedene Geschäfte, wo er immer wieder Verkäuferinnen ansprach und sich beraten ließ. Bereits das kostete ihn Überwindung, aber es war machbar, und er schaffte es. Im dritten Laden wurde er entspannter und lockerer. Als es begann, ihm Spaß zu machen, erhöhten wir den „Schwierigkeitsgrad": Er wollte sich demnächst eine neue Brille machen lassen und so sollte er Frauen, die eine schöne Brille trugen, ansprechen, ob sie ihm einen guten Optiker empfehlen könnten. Das war schon deutlich gewagter, doch er traute sich. Bei der ersten Frau war er so nervös, dass er sie fast umrannte – sie erschrak sich sogar ein bisschen. Als ich ihn darauf aufmerksam machte, dass sie wohl mindestens so viel Angst vor ihm hatte, wie er vor ihr gehabt hatte, musste er selbst lachen. Bei der fünften oder sechsten Frau, die er auf ihre Brille ansprach und nach einem Optiker fragte, war er kaum noch nervös. Und tatsächlich gingen wir zu einem der empfohlenen Optiker, wo er sogar ein bisschen mit der Optikerin flirtete ... Am Abend beim Abendessen unterhielt er sich gar direkt mit den drei jungen Frauen am Nachbartisch. Ich traute meinen Augen kaum!*

*Ohne die Vorbereitungen hatte diese Übung insgesamt vielleicht zwei Stunden gedauert. In nur zwei Stunden hatte Christian es geschafft, sich schrittweise immer so viel mehr zuzutrauen, wie er sich eben gerade zutrauen konnte. Es hatte immer nur ein kleines Stück mehr Mut und Überwindung gekostet, es einfach zu versuchen. Und am Ende waren es Dinge, die ihm vorher völlig unmöglich erschienen waren, die ganz einfach und natürlich waren.*

Ihnen kann es ganz genauso ergehen wie Christian, wenn Sie es nicht mehr länger vor sich herschieben und Sie einfach anfangen können.

### Sicheres Terrain

Beginnen Sie, Ihre Umwelt wahrzunehmen und das Gespräch zu suchen. Am leichtesten ist es, wenn Sie nett und aufmerksam zu Menschen sind, die von Berufswegen her selbst nett und aufmerksam sein sollten und denen es oft schwerfällt, weil nicht jeder nett und aufmerksam zu ihnen ist: Gehen Sie in Geschäfte, Supermärkte, Bäckereien, Cafés, Bars, Restaurants und sprechen Sie dort mit den Mitarbeitern.

Niemand wird Sie dort schlecht behandeln, ablehnen oder auslachen, wenn Sie zum Beispiel Komplimente machen. Und Sie werden überrascht sein, was das mit Ihrem „Glückshormonspiegel" macht: Jedes Mal wenn wir uns etwas Neues zutrauen, sieht unser inneres System nämlich vor, dass wir dafür belohnt werden. Wenn Sie also wagen, jemandem ein Kompliment zu machen, und das vielleicht sogar noch gut ankommt, gibt's zur Belohnung Glückshormone. Und nach denen kann man regelrecht süchtig werden, weil es sich so gut anfühlt. Und das Beste ist: Es ist vollkommen legal!

Und nicht nur das: Wenn Sie es schaffen, Ihren Glückshormonspiegel zu pushen, fühlen Sie sich nicht nur besser, Sie wirken auch attraktiver und sind mutiger! Wenn das mal nicht drei wirklich gute Gründe sind!

## Ungefährliche Komplimente

Pushen Sie Ihren Glückshormonspiegel und üben Sie zunächst „ungefährliche" Komplimente: Suchen Sie sich zum Beispiel ein schönes Geschäft, eine gute Bäckerei oder Ähnliches und machen Sie dort den Mitarbeitern kleine, ganz allgemeine Komplimente über das Geschäft oder die Produkte.

In der Bäckerei zum Beispiel: „Hier riecht es aber wirklich sehr gut“ oder „Der Kuchen sieht toll aus“ oder auch „Der Kaffee schmeckt mir bei euch immer besonders lecker!“ Sagen Sie mal zu einer Supermarktkassiererin: „Ich bewundere Ihre Geduld“ (oder: Ihre Schnelligkeit) – das ringt vielen ein Lächeln ab.

Vielleicht gibt es ja etwas, das Sie ohnehin schon lange bemerken und nur noch nie ausgesprochen haben? Ein Laden in Ihrer Nähe, der immer ein besonders schön dekoriertes Schaufenster hat? Eine Mitarbeiterin, die stets gut gelaunt ist? Ein Postbote, der sich wirklich Mühe gibt? Jemand, der oft sehr freundlich zu Ihnen ist? Gehen Sie hin und sagen Sie: „Ich wollte Ihnen schon ganz lange sagen, ...“

Wenn Sie in einem Restaurant gegessen haben und der Kellner Sie fragt, ob es geschmeckt hat, nuscheln Sie nicht nur zustimmend, sondern suchen Sie Blickkontakt mit der Person und geben Sie eine echte Antwort! Sagen Sie einen ganzen Satz, wie zum Beispiel: „Wissen Sie was, das war wirklich sehr lecker!“

Wenn Sie etwas Übung darin gesammelt haben und „in Schwung“ sind, werden Sie mutiger und machen Sie nach und nach auch mal persönlichere Komplimente: Kommentieren Sie hübschen Schmuck oder ein schönes Kleidungsstück bei einer Frau. Machen Sie einem Mann ein Kompliment für sein schickes Auto, eine tolle Uhr. Loben Sie eine geschmackvolle Wohnungseinrichtung oder ein schönes Bild bei Freunden oder Verwandten. Sagen Sie jemandem, dass er (oder sie) ein tolles Lächeln hat oder ein ansteckendes Lachen! Dass die neue Frisur gut aussieht ... Ganz gleich, was es ist: Suchen Sie danach und sagen Sie es!

Genau so können Sie sich auch zutrauen, Kritik zu üben (mehr darüber finden Sie im Kapitel „Wie Sie mit Kritik umgehen“). So können Sie stufenweise mehr und mehr wagen.

## Die Angst vor Ablehnung verlieren

Viele Menschen haben Angst vor Ablehnung, und das blockiert sie am allermeisten. Wenn Sie die Angst davor verlieren möchten: Machen Sie ein paar Dinge, bei denen Sie ganz sicher sind, dass Sie abgelehnt werden – lassen Sie sich bewusst und absichtlich ablehnen. Der Effekt wird Sie überraschen!

Ich weiß aktuell von einigen starken Beispielen, wie diesen beiden Männern, die ihr Leben damit nachhaltig und vor allem extrem positiv verändern konnten:

Jason Comeley, der die Idee einer „Rejection Therapy“ (also einer „Ablehnungstherapie“) hatte, und Jia Jiang, ein Chinese, der heute in den USA lebt. Beide hatten so viel Angst vor Ablehnung, dass das ihr ganzes Leben beeinflusste: Jason war von seiner Frau verlassen worden, versteckte sich hinter seinem Computer und fühlte sich immer unwohler unter Menschen. Als er bemerkte, dass seine größte Angst die Ablehnung war, hatte er die Idee, dieser Angst entgegenzutreten und sich absichtlich ablehnen zu lassen, um so die Angst davor zu verlieren. Es klappte tatsächlich – er nannte es „Rejection Therapy“ und schrieb darüber einen Blog, mit dem er Jia inspirierte: Jia hatte den Traum einer eigenen IT-Firma, doch so viel Angst vor Ablehnung, dass er sich nicht traute, nach einem Investor zu suchen, und beinahe die Existenzgrundlage seiner Familie zerstört hätte. Als ihm das klar wurde, entschloss er sich, etwas dagegen zu unternehmen, und begann mit Jasons „Ablehnungstherapie“. Jia ging noch weiter, als Jasons Ansatz es vorsah: Sein Vorsatz war, sich 100 Tage lang jeden Tag etwas vorzunehmen, bei dem er abgelehnt würde. Und bewies dabei eine Menge Kreativität.

Er nahm sich also ganz konkret Dinge vor, von denen er dachte: „Das macht garantiert keiner! Wenn ich das frage oder verlange, sagt mein jeweiliges Gegenüber auf jeden Fall Nein!“ Er hielt dabei all seine Aktionen auf einem Blog fest und filmte sich dabei bzw. ließ sich filmen.

Seine erste Aktion war, „Sich 100 Dollar von einem Fremden zu leihen". Er ging auf einen Sicherheitsmitarbeiter in einem Kaufhaus zu und fragte: „Hey Sir, würden Sie mir 100 Dollar leihen?" Der Sicherheitsmann schaute verblüfft und antwortete: „Nein, warum?" Jia verabschiedete sich eilig und rannte davon. Als er sich das Video betrachtete, bemerkte er, dass er selbst voller Angst gewesen war – der Sicherheitsmann jedoch war eigentlich sehr nett gewesen. Er hatte sogar nachgefragt und Jia so die Gelegenheit gegeben, sich zu erklären. Er bemerkte damit, dass die Angst gar nichts mit den äußeren Umständen zu tun gehabt hatte – es gab in dieser Situation eigentlich gar nichts zu sehen, was einem hätte Angst machen können. Das ermutigte ihn, weiterzumachen.

Und dann passierte etwas sehr Interessantes: Er hatte wirklich verrückte Ideen und manchmal – ziemlich oft sogar – wurde er gar nicht abgelehnt. Obwohl die Idee so verrückt war, dass er ganz sicher war, dass sie bestimmt in eine Ablehnung münden würde. So versuchte er unter anderem:

- fünf Dollar an einen Fremden zu verschenken (gar nicht so leicht!),
- jemanden dazu zu bringen, dass er „Happy Birthday" für ihn singt,
- die Safety-Durchsage in einem Flugzeug machen zu dürfen,
- sich die Haare in einem Hundesalon schneiden zu lassen,
- mit einem Fremden einen Lottoschein auszufüllen,
- einen Löwen zu füttern,
- das WiFi-Passwort in einem Café ändern zu dürfen,
- bei fremden Leuten im Garten Fußball zu spielen,
- eine Probefahrt mit einem sehr teuren Auto zu machen,
- in einem Polizeiauto posen zu dürfen.

Und fast alles davon klappte tatsächlich. Es war vollkommen verrückt – je mehr er versuchte, mit seinen Ideen abgelehnt zu werden, umso eher gingen die Leute darauf ein. Wenn er nachfragte, konnte er oft sogar ein erstes Nein in ein Ja verwandeln. Manche Leute dachten sich wohl einfach: „Ach, warum eigentlich nicht?" Und er lernte jede Menge darüber, wie man Menschen für sich gewinnen kann.

### Ängste verlieren

Michelle Poler verpasste eine Menge guter und nützlicher Erfahrungen, weil sie vor so vielen Dingen Angst hatte. Irgendwann allerdings hatte sie genug davon, dass ihr Leben durch ihre Ängste so eingeschränkt war. Und da auch sie davon gehört hatte, dass Ängste letztlich nur im eigenen Kopf existieren, entschied sie sich, ihnen zu begegnen und 100 Tage lang jeden Tag einer ihrer Ängste entgegenzutreten.

Sie hatte vor so vielen Dingen Angst, dass es Ihnen vielleicht albern vorkommen mag – aber für Michelle war es eine große Sache, als sie sich beispielsweise traute, eine Katze zu halten, einen gruseligen Film anzuschauen oder ihre Haarfarbe zu ändern. Sie wagte in den 100 Tagen allerdings auch Dinge, die für viele Menschen mit Angst besetzt sind: Sie nahm eine Schlange und später eine Vogelspinne in ihre Hände. Sie hielt eine Rede vor vielen Menschen und lief einige Stunden nur mit einem Bikini bekleidet durch New York.

Bei allen Aufgaben hielt sie jeweils ihre Stimmung fest: Von 1 für „völlig entspannt und glücklich“ bis 10 für „Ich sterbe gleich vor Angst“ bemerkte sie, dass sie vor den jeweiligen Aktionen oft nahezu an einer 10 war, währenddessen allerdings sank ihre Angst, und danach fühlte sie sich meist ziemlich gut. Und je öfter sie den Ängsten begegnete, umso schneller beruhigte sie sich und umso besser fühlte sie sich hinterher.

Auch sie ist heute ein deutlich mutigerer, freierer Mensch und hält sogar regelmäßige Vorträge über ihre Erfahrungen.

## Ängsten begegnen, statt sie zu vermeiden

Es ist ein fantastisches Training, Schüchternheit, Hemmungen und Ängste zu verlieren, wenn Sie sich tatsächlich eine Liste machen mit Dingen, vor denen Sie sich fürchten, und diesen Ängsten tatsächlich begegnen. Denn das Schlimmste passiert nur in Ihrer Fantasie, in Ihrem eigenen Kopf.

Erstellen Sie eine Liste mit Dingen, die Sie sich nicht trauen, vor denen Sie sich fürchten oder mit denen Sie sich unbehaglich fühlen. Überlegen Sie sich, wie Sie diesen Ängsten begegnen können, und legen Sie dann los. Bitten Sie am besten Freunde um Hilfe. Ein solches Projekt klappt am besten, wenn es mindestens eine weitere Person gibt, die Sie unterstützt. Und das könnte bereits die erste Aufgabe sein: Trauen Sie sich, jemanden zu fragen, ob er Ihnen Beistand dabei leistet, Ihren Ängsten und Hemmungen zu begegnen.

Beginnen Sie damit, Ihren Ängsten zu begegnen – auch wenn diese im ersten Moment vielleicht gar nichts mit Schüchternheit zu tun haben. Sie werden erstaunt sein, dass es vielleicht doch so ist ... Je mehr Sie sich zutrauen, umso mehr werden Sie Ihre Schüchternheit tatsächlich verlieren. Ganz einfach so.

## Flirten und Daten

Schüchternheit im Kontext von Flirten und Daten ist einer der Bereiche, der vielen schüchternen Menschen am meisten zu schaffen macht. Das ist auch relativ leicht nachvollziehbar, wenn wir uns erinnern, dass einer der Hauptauslöser für Schüchternheit das Gefühl von Scham ist – und im Kontext der Begegnung mit einem Menschen vom anderen Geschlecht kann eine Menge Scham im Spiel sein. Schließlich muss man quasi zugeben, dass man den anderen interessant und attraktiv findet. Und wir alle wissen auf einer unterbewussten Ebene, dass wir jemanden attraktiv finden, wenn wir uns Sex mit dieser Person vorstellen können.

Tatsächlich ist das genau, was in unserem Unterbewussten abläuft: Wir sehen jemanden, und unser Unterbewusstsein macht einen kurzen Check, ob diese Person für uns als Sexualpartner attraktiv ist. Lautet die Antwort Ja, finden wir die Person interessant und würden sie gerne kennenlernen. Und da wird es für viele Menschen schwierig, weil sie in ihrem Bewusstsein nicht damit klarkommen, dass sie zugeben müssten, dass sie gerade an Sex mit dieser Person gedacht haben. Die Scham steigt auf und mit ihr die Angst – und nichts geht mehr.

Wenn es Ihnen öfter so geht, dass Sie in Situationen, wo Sie eigentlich jemanden kennenlernen möchten, nur noch Fluchtgedanken haben, dann kann das tatsächlich damit zusammenhängen. Und es ist möglicherweise nicht so leicht, sich das einzugestehen. Wenn Sie gelernt haben, dass Sexualität in irgendeiner Form schmutzig, schlecht oder eine Sünde ist, oder wenn Sie gelernt haben, dass das andere Geschlecht Sex grundsätzlich ablehnt oder dass es gefährlich für Sie sein kann, wird es fast unmöglich für Sie, Interesse auszudrücken, wenn Sie jemanden attraktiv finden. Es spielt dabei keine Rolle, ob diese „Meinung“ in Ihrem Bewusstsein oder in Ihrem Unterbewusstsein Bestand hat. Viele Klienten sagen mir: „Eigentlich weiß ich ja, dass das Schwachsinn ist“ – doch das nützt nichts, wenn sie anders fühlen.

## Sexualität und Scham

Bei Männern geschieht das sehr häufig, wenn z. B. die Mutter vermittelt hat, dass es unanständig ist, Lust zu empfinden, oder dass Frauen keinen Sex mögen und dass man die Frau nicht respektiert, wenn man sie begehrt. Bei Frauen geht es oft darum, dass sie überfordert damit sind, Lust zu verspüren, wenn sie den Mann noch gar nicht kennen. Sie möchten alles tun, damit er nicht bemerkt, dass sie ihn attraktiv finden, weil sie befürchten, dass er daraus ableiten könnte, dass sie sofort und auf der Stelle bereit wären für Sex. Sie wollen nicht billig, lüstern oder bedürftig wirken.

Obwohl Sex in unserer Gesellschaft offenbar so normal zu sein scheint, dass damit geworben und in jeder Vorabendsendung darüber gesprochen wird, scheint es vielen Menschen nach wie vor unlösbar peinlich zu werden, sobald es dabei um sie selbst geht.

Ich habe oft den Eindruck, dass die Gesellschaft so sehr damit beschäftigt ist, uns auf Beruf und Leistung zu trimmen, dass unsere sexuelle Mündigkeit dabei vollkommen ignoriert wird. Manchmal denke ich, dass viele Menschen offenbar einfach vergessen haben, *sexuell erwachsen* zu werden. Ich habe im Lauf meiner Tätigkeit nicht wenige beruflich erfolgreiche und im Leben stehende, erwachsene Menschen (beiderlei Geschlechts) kennengelernt, die in Sachen Sexualität auf dem geistigen und emotionalen Niveau eines stark pubertierenden 14-Jährigen waren: schamhaft, bedürftig, unbewusst und blind für die eigenen sexuellen Bedürfnisse und die des anderen Geschlechts. Vollkommen überfordert mit der eigenen Libido und nicht in der Lage, souverän zu bleiben, wenn sie sich meldet.

## Ein Spiel für Erwachsene

Zum Thema Flirten und Dating habe ich zahlreiche weitere Bücher geschrieben, deshalb möchte ich in diesem Buch wirklich nur kurz darauf eingehen und Ihnen die wichtigsten Dinge zusammenfassen.

Das Allerwichtigste ist tatsächlich: *Werden Sie erwachsen und kommen Sie aus der Pubertät heraus!*

Legen Sie im Prozess des Ablegens von Scham wie im Kapitel „Innenarbeit“ beschrieben ist genau auf diese Glaubenssysteme einen Fokus und arbeiten Sie damit!

Sie haben ein Recht auf gute Gefühle – auch unterhalb der Gürtellinie! Sie dürfen als erwachsener Mensch Lust empfinden, und es ist absolut nichts dabei, jemand anderen attraktiv zu finden – das verpflichtet weder Sie noch den anderen zu irgendetwas.

Flirten ist ein Spiel für Erwachsene, in dem es um sexuelle Anziehung geht. Ein Flirt bedeutet nicht, dass man unbedingt Sex miteinander haben möchte. Es ist ein Spiel von Nähe und Distanz mit einem ganz großen Vielleicht. Es dient dazu, sich näher kennenzulernen, sich besser einschätzen zu können und einander dabei auch noch ein gutes Gefühl zu vermitteln. Vielleicht ist es sogar nur Spaß – zwischen Menschen, die nicht füreinander in Frage kommen und es einfach lustig finden.

In meinem ersten Buch „Flirten. Wie wirke ich? Was kann ich sagen? Wie spiele ich meine Stärken aus?“ beschreibe ich die Situation mit meinem damaligen Gemüsehändler: ein liebenswürdiger, verheirateter Italiener, der einen Kopf kleiner war als ich und sicher 25 Jahre älter. Wir machten uns gegenseitig vollkommen übertriebene Komplimente und hatten danach beide einen besseren Tag als vorher – und genau dafür ist Flirten gut.

Sie werden ein deutlich besserer Flirter sein, wenn Sie Ihre Ängste und Ihre Scham überwunden haben, wenn Sie Nein sagen können und bereit sind, aufrichtig zu sein. Solange Sie flirten möchten, ohne das Thema Sexualität zu berühren, oder wenn Sie statt zu flirten einfach nur dafür sorgen wollen, vom anderen angenommen zu werden, werden Sie niemals flirten. Das wäre schade – denn der Flirt ist das schönste Spiel, das man als Erwachsener spielen kann – und es gibt so viele Möglichkeiten dafür.

## Der 10-Punkte-Plan fürs Flirten

Wenn Sie bisher zu schüchtern waren, um zu flirten, es aber gerne versuchen möchten, habe ich hier einen „10-Schritte-Plan“ für Sie:

### 1. Suchen Sie Situationen und lernen Sie zu scheitern

Viele Menschen, die schüchtern sind, kennen die Situationen genau, in denen ihre Schüchternheit auftritt – und meiden sie.

Wenn Sie lernen möchten, leicht und locker auf andere Menschen zuzugehen, dann sollte es zu etwas ganz Normalem, etwas Alltäglichem werden. Alle Dinge, die uns leichtfallen, sind Dinge, die wir täglich tun: Zähne putzen, Schuhe binden, Fahrrad fahren. Es fällt uns leicht, weil wir sie schon Tausende Male getan haben. Wenn Sie möchten, dass es Ihnen leichtfällt, auf andere zuzugehen und mit Menschen ins Gespräch zu kommen, dann üben Sie es täglich. Tun Sie es immer wieder – und es wird Ihnen ebenso leichtfallen wie alles andere, in dem Sie schon reichlich Übung haben.

Die meisten Menschen haben Angst, abgelehnt zu werden. Das Problem daran ist: Wenn das Ihre Angst ist, dann werden Sie zaghaft und nicht sehr sympathisch wirken – und vermutlich abgelehnt werden. Doch so werden Sie es niemals besser können. Nehmen Sie sich ein Beispiel an Jia Jiang und Jason Comeley: Hören Sie auf, Ablehnung vermeiden zu wollen, und begeben Sie sich stattdessen immer wieder „in Gefahr"!

Sie können besser werden, wenn Sie sich trauen, schlecht zu sein. Also trauen Sie sich. Seien Sie schlecht. Und dann: Werden Sie besser. Stellen Sie sich den Situationen, anstatt vor ihnen davon zu laufen.

### 2. Fangen Sie langsam an – aber fangen Sie an

Fangen Sie doch zunächst mit etwas an, das nur eine kleine Herausforderung ist: Je nachdem wie schüchtern Sie sind, könnten Sie jemanden nach dem Weg fragen oder überhaupt ansehen oder anlächeln und so weiter. Denken Sie an meine Klienten Christian mit der „Frauenphobie" – er hat es geschafft und Sie können das auch!

Das muss nicht Wochen dauern: Wenn Sie beispielsweise den Blickkontakt und ein Lächeln als machbar erachten und mit dem Ansprechen Schwierigkeiten haben, dann üben Sie einen ganzen Tag lang, so oft Sie können, Blickkontakt herzustellen – im Supermarkt, im Bus, bei der Arbeit ... Das Entscheidende dabei ist, was Sie denken, wenn Sie jemanden anschauen. Schauen Sie nicht hin und denken Sie: „Argh ... jetzt muss ich den Blick halten!" So wirken Sie wie ein Irrer! Wenn Sie aber die „Ich sehe dich"-Übung machen oder das betrachten, was Ihnen an der Person positiv auffällt, und das in Ihren Gedanken halten (denken Sie z. B.: „Du hast sehr schöne Augen"), dann werden Sie deutlich freundlicher, attraktiver und interessanter wirken und häufiger positives Feedback bekommen.

### 3. Identifizieren Sie Ihre Wahnvorstellungen

Erinnern Sie sich an die „Fear Setting“-Übung? Genau dafür ist sie da! Stellen Sie sich eine Situation vor, in der Sie normalerweise sehr schüchtern sind. Was befürchten Sie? Ist es etwas, das Ihr Gegenüber sagen, tun oder denken könnte? Was ist es genau? Und jetzt: Schreiben Sie es auf! Machen Sie ein Fear Setting, wie Sie es gelernt haben.

Und wenn Sie es notiert haben, lesen Sie es sich laut vor. Vermutlich werden Sie merken, wie absolut seltsam das klingt, was Sie festgehalten haben. Wie hoch ist die Wahrscheinlichkeit, dass das wirklich passiert? Wie oft ist es schon passiert? So bemerken Sie, dass es nur (Horror-)Fantasien sind, und können sich davon lösen, weil die Fantasie nur in Ihrem Kopf existiert. Finden Sie lieber heraus, was tatsächlich passiert, anstatt sich etwas (Unschönes) auszumalen.

### 4. Beachten Sie Ihre eigenen Bewertungen

Oft haben schüchterne Menschen Angst davor, wie sie von anderen bewertet werden und was andere über sie denken könnten. Achten Sie selbst mal darauf, wie Sie über andere denken: Sind Sie jemand, der viele Vorurteile hat? Sehen Sie andere Menschen sehr schnell als „Gegner“ oder „potenzielle Feinde“? Gehen Sie leicht davon aus, dass der andere jemand ist, der Sie sowieso nicht mag?

Ich habe in den letzten 15 Jahren Gespräche mit über 10.000 unterschiedlichen Menschen geführt. Keiner von ihnen hielt sich selbst für perfekt – na ja … einer vielleicht! Und 99 Prozent aller Menschen, mit denen ich gesprochen habe, waren freundlich, liebenswert und auf ihre Art besonders. Jedes einzelne Gespräch hat sich für mich irgendwie gelohnt. Natürlich habe ich dabei auch ein paar unfreundliche Menschen getroffen. Na und? Die wird man ja schnell wieder los!

Wenn Sie jemanden attraktiv finden, dann sollten Sie ihm nicht unterstellen, dass er Sie nicht mag – das wäre ziemlich dumm.

### 5. Definieren Sie Ihre Ziele

Wie heißt es so schön: Übung macht den Meister. Aber Übung kann ganz schön nerven, wenn Sie sich dabei beständig selbst überfordern oder der Erfolg Ihrer Übung von anderen abhängig ist.

Und gerade in Sachen Flirt ist dies einer der häufigsten Fehler: Wenn Sie sich zum Beispiel vornehmen, dass Sie heute durch Flirten drei Telefonnummern haben möchten, dann ist Ihr Erfolg davon abhängig, dass andere Menschen bereit sind, Ihnen die Nummer zu geben. Bei den meisten führt es dazu, dass sie automatisch vor jedem „Angst“ haben, der auch nur einen Hauch von Anlass zum Zweifel gibt. Und am Ende haben sie sich nicht einmal getraut zu fragen. Wenn Ihr Ziel aber ist: Ich will heute drei Menschen nach ihrer Nummer *fragen* – und es ist dabei egal, ob Sie die Nummer bekommen oder nicht –, dann geht es nur darum, dass Sie es schaffen, sich dreimal zu trauen. Das ist der Erfolg – und nur Sie sind der Erfolgsfaktor.

Wenn es Ihnen gelingt, das für sich zu definieren, weil Ihnen klar ist, dass es zu Beginn wirklich nur darum geht, neue Gewohnheiten zu etablieren und schlecht zu sein, damit Sie besser werden können, wird Ihnen das sehr viel leichter fallen.

### 6. Denken Sie nicht mehr so viel über sich nach

Das ständige Um-sich-selbst-Kreisen ist einer der Hauptauslöser für Schüchternheit. Anstatt zu denken „Was denkt die/der über mich?“, könnten Sie ja auch mal denken: „Na, wer bist du denn?“ oder „Ich frage mich, wie sie aussieht, wenn sie lächelt!“

Denken Sie „nett“ über *andere* nach und nicht immer nur kritisch über *sich selbst*. Schauen Sie mal, ob Sie sehen können, ob jemand in Ihrer Umgebung Hilfe braucht, wer traurig oder fröhlich ist, gehetzt, genervt oder gut gelaunt wirkt. Wenn Sie damit beginnen, andere zu beobachten, anstatt sich selbst, lernen Sie dabei automatisch, andere besser einzuschätzen.

### 7. Sagen Sie auch mal nichts

Die University of California in Berkeley hat bereits 1971 eine Studie darüber veröffentlicht, der zufolge für unseren ersten Eindruck von jemand anderem drei Faktoren entscheidend sind: Neben den Worten selbst sind der Klang und der Tonfall der Stimme sowie die äußere Erscheinung (von der Körpersprache über die Mimik bis hin zur Kleidung) wichtig. Zu etwa 55 Prozent, so das Ergebnis der Studie, hängt unser erster Eindruck davon ab, wie wir die Körpersprache und die Wirkung einschätzen, zu 38 Prozent gibt die Stimme den Ausschlag. Nur zu sieben Prozent sind es die Worte, die uns überzeugen.

Wenn Ihnen nichts einfällt, was Sie zu jemandem sagen könnten, führt das dazu, dass Sie einen gestressten und ängstlichen Eindruck machen. Mit anderen Worten: Ihr Stress mit den sieben Prozent Inhalt vermasselt Ihnen die restlichen (viel wichtigeren!) 93 Prozent Ihres Gesamteindrucks.

Wenn Ihnen die Worte fehlen: Schauen Sie wenigstens verschmitzt, freundlich, geheimnisvoll – was eben gerade passt! Manchmal sagt ein Blick oder ein Lächeln ja ohnehin mehr als 1000 Worte. Und im Zweifelsfall ist ein „Hallo“ nicht so schwierig und ein guter Anfang.

### 8. Sammeln Sie positive Beweise

Wenn wir uns einmal was in den Kopf gesetzt haben, dann suchen wir, ob wir es wollen oder nicht, überall nach Beweisen für genau diese These. Und natürlich finden wir sie auch! Es ist ein bisschen so, wie wenn Sie sich ein Auto kaufen wollen und plötzlich überall das Modell herumfahren sehen, für das Sie sich interessieren. Überlegen Sie sich also: Was wünschen Sie sich in Sachen Flirt und Dating? Schreiben Sie es auf und suchen Sie jeden Tag nach Beweisen, dass es Ihre Wünsche gibt! Es gibt sehr wohl Situationen, in denen Sie nicht schüchtern sind. Es gibt Menschen, die so sind, wie Sie, und dennoch einen Partner haben. Es gibt Situationen, in denen das funktioniert, was für Sie noch schwierig erscheint. Suchen Sie also nicht Beweise für die Schwierigkeiten, sondern für die guten Dinge. Es gibt sie!

Fokussieren Sie sich auf das, was Sie suchen und erreichen wollen, und nicht das, was Sie dauernd meiden und verhindern möchten.

### 9. Nutzen Sie auch Gelegenheiten außerhalb Ihrer Zielgruppe

Richard Bandler, der Mitbegründer von NLP sagte einmal: „Confidence grows with competence." Also: Das Vertrauen wächst mit der Kompetenz. Wenn Sie immer nur dann mit einem Vertreter des anderen Geschlechts in Kontakt treten möchten, wenn er/sie Ihnen ganz besonders gut gefällt, dann werden Sie vermutlich nicht so viele Gelegenheiten haben – und auch entsprechend nervös sein, wenn es mal so weit ist.

Aber glauben Sie, dass sich jemand, der nicht in Ihr „Beuteschema" passt, nicht über ein Lächeln oder ein nettes Wort freut? Üben Sie, Komplimente zu machen – auch bei Menschen, die Sie nicht für sich gewinnen wollen. So sammeln Sie Kompetenz, und Ihr Vertrauen, dass Sie das können, wird wachsen.

Genau wie Sie warten viele Menschen nur darauf, dass sie von jemandem nett angesprochen werden oder die Chance für einen Flirt bekommen. Werden Sie ein Chancengeber!

Sie werden überrascht sein, wie viel Bereicherung das für Ihr Leben bedeutet: Kommen Sie heraus aus Ihrem eigenen (meist ohnehin viel zu kritischen) inneren Dialog und hören Sie auf, sich selbst auszudenken, was diese Menschen vielleicht zu Ihnen sagen könnten. Es ist viel spannender und meistens viel schöner, wenn man die Menschen tatsächlich selbst zu Wort kommen lässt, anstatt zu überlegen, was dieser oder jener wohl tun oder sagen könnte, wenn Sie dies oder jenes tun oder sagen.

### 10. Nehmen Sie sich nicht so ernst

Viele Menschen, die schüchtern sind, sind, ohne es zu merken, sehr arrogant: Sie denken die ganze Zeit über sich nach. Sie denken sogar, dass alle anderen auch über sie nachdenken. Ganz schön eingebildet, oder?

Sind Sie wirklich so wichtig, dass alle anderen Leute sich Gedanken um Sie machen, obwohl sie Sie vielleicht noch nicht mal kennen? Wenn Sie ehrlich sind, dann wohl eher nicht.

Was wäre denn schon dabei, wenn Sie sich tatsächlich irgendwo bei irgendwem mal blamieren? Haben Sie wirklich so wenig Humor, dass Sie noch nicht einmal über sich selbst oder ein Missgeschick lachen könnten? Nehmen Sie sich nicht so ernst – dann müssen andere es auch nicht.

Der Flirt ist ein Spiel, er ist nichts Ernstes. Erst wenn Sie sich durch das Spiel nähergekommen sind, könnte es sein, dass Sie so viel Interesse aneinander entwickeln, dass daraus vielleicht doch etwas Ernstes werden könnte ... Aber bis dahin: Spielen Sie!

## Werden Sie ein „Signalgeber"

Preisfrage: Was brauchen Sie, um zu erkennen, dass jemand gerne mit Ihnen flirten oder Sie kennenlernen möchte? 95 Prozent meiner Kursteilnehmer antworten sinngemäß: „Ich muss ein Signal für Interesse erkennen können." Oder sie beschreiben direkt ein Signal, also ein Lächeln oder einen erkennbaren Blickkontakt, eine freundliche Geste, eine bestimmte Reaktion oder Mimik. Geht es Ihnen ebenso?

Wenn Sie auf ein Signal warten, sind Sie darauf angewiesen, dass jemand Ihnen ein für Sie deutliches Zeichen gibt. Doch zum einen sind die meisten Menschen eher passiv – sie würden zwar durchaus gerne mal wieder flirten, aber sie warten wie Sie darauf, dass sich eine besonders gute Gelegenheit ergibt oder sie ein Signal eines anderen Menschen auffangen und erwidern können. Und zum anderen sind gerade schüchterne Menschen unglaublich schlecht darin, Signale zu erkennen und richtig zu interpretieren. Wenn Sie also öfter flirten möchten, wenn Sie sich mehr Gelegenheiten wünschen, eine andere Person ansprechen zu können, dann geben *Sie* einfach selbst mehr (und auch deutlichere) Signale!

Schaffen Sie Gelegenheiten, indem Sie nicht nur warten, sondern selbst aktiv werden. Und nehmen Sie es nicht übel, wenn nicht jeder gleich eine Gelegenheit erkennt oder ungeübt darin ist, sie zu ergreifen. Sie wissen ja selbst, wie das ist.

### Wirkung siegt über Inhalt

Viel wichtiger als alles, was Sie sagen könnten, ist, wie Sie wirken! Wenn Sie sich unter Druck setzen, weil Sie glauben, etwas besonders Tolles sagen zu müssen, werden Sie wirken wie jemand, der extrem gestresst ist – das macht keinen guten Eindruck. Selbst wenn Ihnen etwas einfallen würde, das Sie sagen könnten: Es wird nicht funktionieren, solange Ihre Körpersprache etwas anderes behauptet. Die meisten Menschen kommen nicht auf die Idee, dass Sie deswegen angespannt wirken könnten, weil Sie sie attraktiv finden.

Menschen suchen die Nähe von freundlichen, fröhlichen, herzlichen Menschen. Dafür müssen Sie keine guten Sprüche parat haben. Erinnern Sie sich an die „Ich sehe dich“-Übung aus dem Kapitel „Aktion und Reaktion“? Wenn Sie sich so verhalten, ist das bereits mehr wert als jeder zittrig vorgetragene Spruch!

Bei einem Flirt geht es um einen spielerischen Kontakt. Bei einem Date geht es darum, ob Sie beide zueinander passen.

Vergessen Sie dabei nie, dass das zwei Seiten hat: Es geht nicht nur darum, ob Sie Ihrem Gegenüber gefallen – es ist viel wichtiger, ob Ihr Gegenüber Ihnen gefällt! So sind jeder Flirt und jedes Date auch so eine Art „Test“, ob jemand zu Ihnen passt. Und Sie dürfen „testen“!

Wenn Sie sich schwer damit tun, jemanden anzusprechen, halten Sie wenigstens den Blickkontakt etwas länger und lächeln Sie! Das ist die halbe Miete. Denken Sie einfach etwas sehr Nettes über den anderen und nicken Sie freundlich. Damit vervielfachen Sie bereits Ihre Möglichkeiten gegenüber Ihrem früheren Verhalten, wo Sie vermutlich meistens auf der Flucht waren.

Apropos Flucht – schon sind wir bei einem weiteren wichtigen Punkt in Flirt- und Datingsituationen …

## Die Flucht nach vorn

Sind Sie besorgt um Ihre Wirkung, weil Sie introvertiert, ängstlich, schüchtern, kein großer Redner oder vielleicht sexuell unerfahren, sexuell sehr erfahren, körperlich eingeschränkt oder aus irgendwelchen anderen Gründen gehemmt sind?

Da sitzt jemand vor Ihnen, den Sie total nett finden – aber Sie haben das Gefühl, dass Sie „ein dunkles Geheimnis" mit sich tragen? Und glauben Sie wirklich, der Gedanke *„Der andere soll nicht merken …"* oder *„Der andere soll nicht denken…."* hilft Ihnen jetzt, einen besonders sympathischen Eindruck zu machen? Das hat in der Vergangenheit nicht funktioniert und das wird es auch in Zukunft nicht tun!

Denn (Überraschung!) genau wie Sie, beziehen auch die meisten anderen Menschen das Verhalten Ihres Gegenübers auf sich selbst: Kein Mensch kann direkt erkennen, dass Sie sich so verhalten, weil Sie ein Problem mit *sich selbst* haben – die meisten Menschen werden denken, dass Sie sich so verhalten, weil Sie ein Problem mit *ihnen* haben.

Ich hatte schon mehrere Klienten und Teilnehmer, die es sich bei potenziellen Partnern verdorben haben, da sie der Meinung waren, ihre „körperlichen Makel" seien so inakzeptabel, dass sie versucht hatten, sie möglichst lange geheim zu halten. Besonders tragisch, wenn es ein Sehfehler ist, der dazu führt, dass man sein Date beim nächsten Mal nicht gleich wiedererkennt. Das macht doch einen ziemlich blöden Eindruck! Da wäre es viel besser gewesen, wenn man einfach gesagt hätte: „Du, bitte wundere dich nicht – ich habe einen Sehfehler und kann dich immer erst erkennen, wenn du zwei Meter vor mir stehst!" Was ist schon dabei? Das Einzige, was überhaupt jemals funktioniert hat, ist eben die Flucht nach vorn!

## Sie sind so viel mehr als das!

Die meisten Menschen, die so etwas in der Art mit sich tragen, glauben, es sei ein Makel, weil ihre Umwelt – vor allem ihre Eltern und Großeltern – ihnen ihr ganzes Leben lang suggeriert hat, dass mit ihnen etwas nicht stimmt. Glauben Sie auch, Sie seien „beschädigte Ware“? Machen Sie die Schamübungen und vergeben Sie Ihren Eltern ihre Überforderung und die dumme Art, Ihnen helfen zu wollen. Sie sind so viel mehr als nur Ihre vermeintliche Einschränkung oder Ihr Makel!

Sie sind auch so vieles mehr als Ihre Hemmungen! Sie sind so viel mehr als Ihre Angst vor Ablehnung oder Verlust. Sie sind mehr als Ihre Schüchternheit.

Lassen Sie Ihr Gegenüber einfach wissen, was es ist, von dem Sie glauben, dass es dem anderen irgendwann seltsam vorkommen könnte. Dann können Sie sich darauf konzentrieren, der Rest von sich zu sein!

Sagen Sie etwa: „Bitte wundere dich nicht, wenn ich nicht viel erzähle, ich höre lieber zu“ oder „Wenn ich wenig sage, heißt das nicht, dass ich dich nicht mag – im Gegenteil. Ich rede nur nicht gern!“

Wenn Sie das Gefühl haben, dass Sie auf den anderen einen seltsamen Eindruck gemacht haben könnten, sagen Sie das! Denn damit zeigen Sie, dass Sie nicht seltsam sind, weil es Ihnen selbst auffällt.

So zeigen Sie Ihrem Gegenüber: „Es ist alles in Ordnung mit dir! Und es ist alles in Ordnung mit mir.“ Und das wird dafür sorgen, dass Sie selbstbewusst und sympathisch wirken.

# SCHÜCHTERNHEIT ADE

*Jetzt wissen Sie, welche Übungen Ihnen helfen, Ihre Hemmungen und Ängste zu verlieren. Fehlen nur noch einige Tricks und Tipps, wie Sie im Alltag erfolgreich mit Situationen umgehen können, die für schüchterne Menschen eher eine Herausforderung sind.*

## So meistern Sie kritische Situationen locker

Mit dem Aufbau- und Trainingsprogramm des vorangegangenen Kapitels können Sie bereits binnen einiger Wochen bemerken, dass Sie deutlich weniger schüchtern sind und sich zuversichtlicher, mutiger und freier fühlen werden. Im folgenden letzten Kapitel gebe ich Ihnen noch einige Ideen an die Hand, wie Sie herausfordernde Situationen wie Small Talk, Kritik oder Schlagfertigkeit locker meistern können.

### Routine kommt vom Tun

Auch hier gilt natürlich: Übung macht den Meister. Verzeihen Sie es sich, wenn Sie vielleicht anfangs noch ungeübt sind und meine Tipps noch nicht ganz so locker anwenden können. Wenn Sie damit beginnen, werden Sie feststellen, dass es mit der Zeit immer leichter wird. Und irgendwann werden Sie bemerken, dass es so einfach und selbstverständlich ist, dass Sie gar nicht mehr darüber nachdenken müssen. Es wird Ihnen so vorkommen, als ob es nie anders gewesen ist – so wie Fahrradfahren, Schuhe zubinden oder Zähne putzen.

# Der erste Eindruck zählt

Um Ihren Freundeskreis weiter aufzubauen, ist es hilfreich, wenn Sie einen guten ersten Eindruck machen können und Small Talk beherrschen.

Über den ersten Eindruck haben Sie ja bereits in den letzten Kapiteln viel erfahren können: Bleiben Sie entspannt und denken Sie an etwas, das Ihnen gute Laune macht und Sie zum Lächeln bringt. Freuen Sie sich, andere zu sehen, und zeigen Sie das: Die Worte „Ich freue mich“ in einem Satz unterzubringen, ist gar nicht so schwierig, wenn man sich begegnet. Mehr ist tatsächlich nicht notwendig, um einen guten ersten Eindruck zu machen.

## Händedruck: Schraubstock oder toter Fisch?

Gut ist auch ein anständiger Handschlag: Ahmen Sie nicht einen Schraubstock nach, um Selbstvertrauen zu demonstrieren – aber legen Sie Ihrem Gegenüber bitte auch keinen toten Fisch in die Hand! Ergreifen Sie seine Hand und drücken Sie sie leicht: So, als ob Sie einen kleinen Impuls weitergeben möchten.

## Namen merken leicht gemacht

Für einen guten ersten Eindruck und ein gutes Gespräch ist es sehr hilfreich, wenn Sie den Namen Ihres Gegenübers erfahren und ihn sich auch merken. Damit Ihnen das gelingt, müssen Sie zunächst aufhören zu sagen und zu denken, dass Sie sich Namen nicht merken können. Sie können es nämlich sehr wohl, Sie haben es bisher nur nicht getan. Bislang waren Ihnen Ihre Ängste und Hemmungen wichtiger – das ändert sich jetzt: Andere Menschen sind nicht mehr länger eine Gefahr, sie sind wichtig, und ihre Namen sind es ebenso. Sagen Sie sich das jedes Mal, bevor Sie auf neue Menschen treffen. Das hilft bereits enorm. Dann folgen Sie diesen drei Schritten:

1. **Fragen Sie nach:** „Entschuldige, wie heißt du eigentlich?" Oder stellen Sie sich selbst vor: „Entschuldigung, ich habe mich gar nicht vorgestellt: Ich bin …!" Ihr Gegenüber wird sich daraufhin sicherlich auch vorstellen. Je nach Anlass und Situation können Sie sich mit Vor- und/oder Nachnamen vorstellen.
2. **Wiederholen Sie den Namen des anderen:** Und sagen Sie vielleicht auch etwas dazu. „Schön, dich kennenzulernen, NAME!" oder auch „NAME? Meine xx heißt so!" (wenn Sie jemanden kennen und mögen mit diesem Namen). Machen Sie einfach eine nette Bemerkung über den Namen und wiederholen Sie ihn dabei. Finden Sie eine „Verknüpfung" zu etwas oder jemandem, das/den Sie bereits kennen, dann prägt sich Ihnen der Name leichter ein.
3. **Benutzen Sie den Namen:** „Darf ich dich mal was fragen, NAME?" oder in einem Kompliment: „Es ist schön, sich mit dir zu unterhalten, NAME!"

Sie werden verblüfft sein, wie diese drei einfachen Schritte nicht nur dafür sorgen, dass Sie sich den Namen des anderen besser merken können, sondern wie auch bei Ihrem Gegenüber die Sympathie für Sie steigt: Das Merken und Wiederholen des Namens ist nämlich auch eine Art, dem anderen zu zeigen, dass Sie ihn sehen und wahrnehmen und sich wirklich für ihn interessieren.

## Starten Sie mit Small Talk

Viele Menschen sagen, sie hassen diese Form der leichten Konversation – doch sie unterschätzen die Möglichkeiten, die sie bietet: Small Talk ist eine Gelegenheit, das Gegenüber zu „checken" und feststellen zu können, ob man sich überhaupt kennenlernen möchte. Small Talk kann „notwendig" sein, um bei bestimmten Anlässen (bei Firmenfeiern, im Wartezimmer, bei offiziellen Anlässen) Höflichkeit zu demonstrieren. Es kann aber auch der Beginn einer Bekanntschaft, Freundschaft oder sogar Liebe sein. Eigentlich beginnt nämlich jedes Gespräch mit Small Talk.

Beim Small Talk können Sie feststellen, wie es um die innere Einstellung, den Charakter, den Humor und das Bildungsniveau eines Menschen bestellt ist, ohne dass Sie schon allzu sehr in die Tiefe gehen müssen.

Und manchmal stellt man beim Small Talk fest, dass man mit der anderen Person gar nichts anfangen kann – oder will. Und so sorgt das kurze Gespräch dafür, dass man sich zunächst unverbindlich beschnuppern kann – aber auch leicht wieder aus dem Gespräch herauskommt und nicht zu viel von sich preisgeben muss.

Für einen Small Talk ist daher alles hilfreich, was noch nicht so viel mit Ihnen persönlich, Ihrer Vergangenheit und Ihren Leidenschaften und Ideen zu tun hat.

Reden Sie für den Anfang über dass Wetter, wenn Ihnen nichts Besseres einfällt – und Sie können bereits aus der Reaktion Ihres Gesprächspartners schließen, ob er eher ein Pessimist oder ein Optimist ist. Ob er zufrieden ist mit seinem Leben oder immer etwas zu meckern hat. Denn ganz ehrlich: So wie ein Mensch über das Wetter redet, wird er vermutlich auch über alles andere reden.

Für einen Small Talk nutzen Sie am besten immer ein Thema aus der unmittelbaren Umgebung. Auf einer Veranstaltung können Sie von einem „Wir kennen uns noch gar nicht“ ganz leicht dazu kommen, woher jeder von Ihnen den Gastgeber kennt, oder warum Sie sich noch nicht früher begegnet sind.

Achten Sie auf positive Kommunikation: Unterhalten Sie sich lieber über die Vorzüge als über die Nachteile von etwas. Loben Sie etwas oder machen Sie positive Bemerkungen über Ihre Umwelt. Denn wenn Sie ein Mensch sind, der eher auf die positiven Aspekte zielt und darüber spricht, wirken Sie deutlich sympathischer als jemand, der direkt was zu meckern oder zu jammern hat.

Für Small Talk können Sie nahezu alles benutzen, was Sie direkt sehen können: das Wetter, der Raum, in dem Sie sich befinden, Getränke oder Essen, das es gibt, die Einrichtung, die aktuelle Situation, in der Sie sich beide befinden, gemeinsame Bekannte, Musik ... Einfach alles was da ist.

Und dann können Sie es sich ganz einfach machen: Fragen Sie nach – manchmal reicht ein einfaches „Und du/Sie?“ am Ende eines Satzes, um Ihr Gegenüber zum Plaudern zu bringen.

Wenn Sie das Gespräch beenden wollen, machen Sie Ihrem Gegenüber vielleicht ein kleines Kompliment in der Art „Es war nett, mit Ihnen zu plaudern“ und verabschieden Sie sich. Wenn Sie Ihr Gegenüber besser kennenlernen möchten, leiten Sie über zu persönlicheren Themen.

Und dann gibt es noch ein paar Dinge, die Sie wissen sollten – unabhängig vom Thema nämlich, gibt es Möglichkeiten besonders sympathisch zu sein:

## Mit Begeisterung begeistern

Viele Schüchterne machen bei der Begegnung mit anderen ein Pokerface. Sie haben Angst, dass sie zu viel von sich zeigen könnten oder eine offen gezeigte Emotion sie bloßstellen könnte. Das wird nicht passieren – im Gegenteil: Die zur Schau gestellte Emotionslosigkeit ist es letztlich, die Sie anderen eher unheimlich und nicht sehr sympathisch macht.

Wenn Sie gut ankommen möchten, gibt es einen ganz einfachen Trick: Zeigen Sie Begeisterung!

Wenn Sie möchten, dass jemand sich freut, Sie wiederzusehen: Zeigen Sie Freude, wenn Sie diesen Menschen sehen. Es vermittelt ein gutes Gefühl, wenn jemand offensichtliches Gefallen zeigt über eine Begegnung. Ein Lächeln und der Gedanke „Schön, dich zu sehen“ wird anderen ein gutes, angenehmes Gefühl geben. Wir fühlen uns automatisch hingezogen zu Menschen, die uns das Gefühl vermitteln können, dass wir willkommen sind und man sich freut, uns zu sehen.

Wenn Sie möchten, dass Menschen Ihnen gerne etwas über sich erzählen: Zeigen Sie Begeisterung für das, was sie Ihnen erzählen!

Wenn Ihre innere Haltung ein „Wow, toll! Erzähl mir mehr“ ist, das man auf Ihrem Gesicht ablesen kann, werden andere Sie sympathisch und interessant finden.

## Nutzen Sie den „Franklin-Effekt“!

Diese kleine psychologische Weisheit wurde nach dem amerikanischen Präsidenten Benjamin Franklin benannt, weil er sie erstmals erwähnte:

Wenn Sie beliebt sein möchten, dann erreichen Sie das am besten nicht darüber, dass Sie anderen einen Gefallen tun. Im Gegenteil: Wenn Sie der Eifrige sind, der beflissen als Erster etwas für jemanden tun möchte, den er vielleicht noch gar nicht so gut kennt, macht das sogar eher einen schlechten Eindruck. Tatsächlich ist der bessere Weg, wenn Sie *den anderen* um eine Kleinigkeit bitten.

Wir empfinden Sympathie für Menschen, wenn wir etwas für sie tun konnten. Fragen Sie eine neue Bekanntschaft, ob sie Ihnen etwas von der Bar mitbringen würde, und bedanken Sie sich dafür. Bitten Sie andere um einen kleinen Gefallen – nur eine Kleinigkeit: eine Auskunft, eine Hilfe – irgendetwas, das für Sie hilfreich und nützlich ist. So fühlt man sich von Ihnen wertgeschätzt und nützlich und mag Sie tatsächlich mehr.

## Und was kommt nach dem Small Talk?

Wenn Sie im Small Talk festgestellt haben, dass Sie sich mit Ihrem Gegenüber wirklich unterhalten möchten, können Sie elegant aus dem Small Talk herauskommen, indem Sie vom oberflächlichen Gespräch zu eigenen Erfahrungen, Vorstellungen oder Erinnerungen übergehen.

Wenn Sie z. B. auf einer Geburtstagsfeier oder einer anderen festlichen Veranstaltung sind, könnten Sie nach dem ersten Small Talk über Ihren Bezug zu den Gastgebern oder die nette Location mit einer persönlicheren Frage mehr Nähe zu Ihrem Gesprächspartner herstellen.

Auf einer Party könnten Sie zum Beispiel fragen:

- Wenn du jetzt der DJ wärst, was würdest du spielen?
- Was ist das peinlichste Partyspiel, das du je gespielt hast?
- Was hast Du dem Gastgeber geschenkt?

## Finden Sie Gemeinsamkeiten

Positive Gemeinsamkeiten verbinden und schaffen Nähe und Sympathie: Wenn Sie einen ähnlichen Musikgeschmack oder einen ähnlichen Humor haben, haben Sie sich vermutlich schon einiges zu erzählen.

Ob Sie in einem Bereich Gemeinsamkeiten haben, lässt sich leicht herausfinden, wenn Sie Ihren Gesprächspartner nach seinen „Lieblingsthemen" fragen:

Fragen Sie nach dem Lieblingsbuch und worum es geht. Wenn jemand ein Buch dabei hat, fragen Sie, warum er es liest und was er glaubt, wie es endet. Wenn Sie das Buch oder den Autor selbst gut kennen, können Sie gemeinsam über Ihre Lieblingsstellen schwärmen und schaffen direkt eine Verbindung. Wenn Sie den Autor nicht kennen, fragen Sie nach, was die Person daran fasziniert.

Fragen Sie nach Lieblingsfilmen oder -serien: Auch hier können Sie bei Gemeinsamkeiten über Lieblingsstellen plaudern, sich über Vorlieben und Abneigungen für bestimmte Schauspieler oder Szenen austauschen oder auch viel über den Humor und die Werte Ihres Gesprächspartners erfahren.

Reisen sind ebenfalls ein gutes Thema: Wenn Sie ähnliche Vorlieben oder Urlaubsträume und Erfahrungen haben, kann sich viel Gesprächsstoff ergeben. Selbst das Lieblingsessen kann Gemeinsamkeiten hervorbringen: Wenn gutes Essen zu Ihren Leidenschaften gehört – nur zu!

Diese Gemeinsamkeiten müssen übrigens nicht immer nur für dieselbe Sache gelten. Ich bemerke zum Beispiel, dass viele meiner Klienten sich einen Partner wünschen, der ähnliche Hobbys und Leidenschaften hegt. Das ist zwar nicht grundsätzlich falsch, engt aber auch in den Möglichkeiten ein.

## Auch Gefühle lösen Gemeinsamkeiten aus

Interessant sind nämlich in einem Gespräch auch Gemeinsamkeiten in den Gefühlen, die Dinge bei Ihnen auslösen: Ein Mensch, der sich z. B. für Skifahren begeistert, kann sehr viel gemeinsam haben mit einem passionierten Segler oder einem Surfer – das lautlose Dahingleiten, die frische, klare Luft, der Wind in den Haaren, die Sonne, die auf dem Wasser bzw. auf dem Schnee glitzert, die Natur, die lustige Zeit, die man abends gemeinsam mit den anderen verbringt. So können Sie Gemeinsamkeiten in unterschiedlichen Gebieten finden und dabei gleichzeitig in eine Art der Unterhaltung kommen, die Sie einander näherbringt, weil es um positive Emotionen, Leidenschaft und Begeisterung geht.

Wenn Sie also darüber sprechen, wie Sie sich bei etwas fühlen, das Sie besonders gerne mögen, oder warum genau das Ihre Leidenschaft ist, kann es durchaus sein, dass Sie mit jemandem Gemeinsamkeiten finden, der etwas ganz anderes macht.

## Zeigen Sie Ihren Humor

Humor ist einer der größten Sympathiefaktoren, doch dabei geht es nicht darum, dass Sie Witze erzählen können oder dauernd lustig sein müssen. Es geht viel eher darum, dass Sie sich selbst nicht so ernst nehmen und Aussagen auch humorvoll oder doppeldeutig interpretieren können.

Gerade das Sich-selbst-nicht-so-ernst-Nehmen ist eine echte Geheimwaffe: Fast jeder Mensch, den ich kennengelernt habe, hat aus seiner Sicht irgendeinen Nachteil oder eine Schwäche. Beim einen ist es das schüttere Haar, ein anderer ist klein, der Nächste sehr groß, einer ist dick, einer ist sehr ruhig und ein anderer sehr lebendig. Einer glaubt, er sei nicht so attraktiv für Gleichaltrige, weil er Beamter ist und der Beruf ein blödes Image habe, ein anderer denkt dasselbe, weil er es nicht ist und glaubt, er würde damit mehr Sicherheit ausstrahlen. Einer denkt, es sei negativ, dass er schon lange Single ist, der Nächste glaubt, es wirke sich negativ aus, dass er lange verheiratet war ... Ganz egal, ob es ein Schönheitsmakel, Klischees Ihres Berufs, Ihr Familienstand oder sonst irgendein von Ihnen geglaubter Makel ist: Wenn Sie denken, dass das andere davon abhält, Sie zu mögen, werden Sie damit vermutlich recht behalten.

Sie werden allerdings in Wahrheit nicht deshalb abgelehnt, weil Sie sind, was Sie sind, sondern weil Sie sich aufgrund Ihrer Angst vor Ablehnung und der selbsterfüllenden Prophezeiung zu Ihrem Makel so unattraktiv und albern verhalten werden, dass Sie recht behalten werden!

*Gehen Sie das Ganze mit Humor an und machen Sie Ihren Makel zur Marke!* Ganz egal was es ist, machen Sie einen Scherz darüber, und das „Problem“ löst sich fast immer in Luft auf. Stellen Sie Ihren Makel nach vorne und behaupten Sie über sich selbst in der übertriebensten Art, die Ihnen einfällt, absolut jedem Klischee zu entsprechen, das man über Sie haben könnte. Wenn Sie es nicht mehr ernst nehmen, wird es auch kein anderer mehr tun!

Wenn Sie ansonsten glauben, Sie hätten einen schrägen Humor: Raus damit! Sie werden überrascht sein, wie viele Menschen schrägen oder schwarzen Humor sehr gerne mögen. Inzwischen gibt es doch sehr gute Möglichkeiten, herauszufinden, ob der eigene Humor bei irgendwem anders ankommt.

Die einfachste Möglichkeit ist: Überlegen Sie, welcher Comedian, Kabarettist, Karikaturist oder Cartoonzeichner Ihren Humor am besten trifft. Geben Sie den Namen bei YouTube oder Google ein und schauen Sie mal, wie oft Videos oder Treffer dieses Künstlers angeschaut bzw. aufgelistet werden – das entspricht in etwa der Zahl der Menschen, die Ihren Humor verstehen und mögen.

Ich treffe immer wieder Menschen, die von sich selbst behaupten, schüchtern zu sein und einen speziellen Humor zu haben, den kaum jemand verstehen könne. Sehr häufig sind das die Menschen, die nach zwei Seminartagen die ganze Gruppe zum Lachen bringen.

Möglicherweise ist Ihr Humor nur für Ihre Familie speziell oder er war es unter Gleichaltrigen in Ihrer Schulzeit – beides ist nicht ungewöhnlich. Doch heute, als Erwachsener, glauben Sie mir: Da draußen gibt es eine Menge Menschen, die sehr gut auf Ihre Art von Humor können.

Und denken Sie immer daran: Wenn jemand Ihren Humor partout nicht versteht oder nicht mag, ist es vielleicht nicht so schlimm, wenn Sie sich nicht näher kennenlernen: Es gibt ja noch 7,9999999 Milliarden andere Leute auf dem Planeten.

## Nie mehr ausgenutzt werden

Gerade von Menschen, die eher zurückhaltend sind, höre ich oft, dass sie Angst haben, von anderen ausgenutzt zu werden, oder dass ihnen das sogar schon häufiger passiert ist. Meist hat es damit zu tun, dass schüchterne Menschen glauben, sie müssten anderen mehr „Gefallen tun“, um gemocht zu werden, und dann nicht sehr gut darin sind, Nein zu sagen. Das lässt sich leicht verhindern, die Lösung ist jedoch möglicherweise eine andere, als Sie glauben.

Worum geht es eigentlich beim Ausgenutztwerden? Meistens ist es etwas in dieser Art:
Sie tun etwas für jemand anderen – und der andere

- tut nicht dasselbe für Sie,
- ist nicht dankbar,
- weiß nicht zu schätzen, was Sie für ihn tun,
- gibt nichts oder nur sehr wenig zurück.

Kommt das ungefähr hin? Dabei kann das Ausgenutztwerden auf verschiedenen Ebenen passieren.

- In der Freundschaft: Wenn Sie sich immer um alles kümmern und andere davon stets profitieren, aber es nicht wertschätzen oder ihren Teil beitragen.
- In der Liebe: Wenn Sie das Gefühl haben, immer nur zu geben, sich sogar aufzuopfern, es dem anderen recht machen, wo es möglich ist, und nichts zurückbekommen.
- Bei der Arbeit: Wenn die Firma Ihr Wissen nutzt und wie selbstverständlich überdurchschnittliche Leistungen und längere Arbeitszeiten von Ihnen verlangt, Sie aber nicht angemessen dafür bezahlt oder anderweitig vergütet und schätzt.

Zunächst die gute Nachricht: Niemand kann Sie ausnutzen, wenn Sie es nicht zulassen. Wenn Sie von jemandem ausgenutzt werden, dann passiert das immer, wenn Sie etwas tun, was Sie eigentlich gar nicht wirklich tun wollen – aber Sie tun es, weil Sie „Hintergedanken" haben: Diese Hintergedanken sind die Dinge, die Sie sich ausmalen, nach dem Motto „Wenn ich A tue, dann wird der andere B für mich tun!"

## Geben Sie aus Freude ...

Sie tun etwas für jemanden und bekommen nichts oder zu wenig zurück: Das bedeutet, Sie haben das eigentlich getan, um dann etwas dafür zurückzubekommen – und nicht, weil Sie das gerne tun. Das ist eine schlechte Voraussetzung, denn genau so entsteht das Gefühl vom Ausgenutztwerden.

Ich zum Beispiel koche sehr gerne, und wenn ich für Freunde koche, bin ich nicht enttäuscht, wenn die nicht auch für mich kochen. Ich mache das, weil ich es will und es mir große Freude macht. Und nicht weil ich hoffe, dass meine Freunde das dann für mich auch tun. Und ich lade mir auch nur Menschen ein, von denen ich weiß, dass sie gerne essen und mein Essen zu schätzen wissen.

## ... oder weil Sie etwas wollen?

Oft glauben wir, der Weg, etwas zu bekommen, ist, etwas zu geben. Aber wie soll der andere wissen, dass Sie geben, um etwas zu bekommen, und nicht, weil Ihnen das Geben selbst Freude bereitet? Wenn wir in Beziehungen geben und mehr, als wir eigentlich wollen – dann kann der andere das unter Umständen tatsächlich nicht bemerken. Woher soll er wissen, dass wir nur seinetwegen bestimmte Dinge tun (oder lassen)!?

Früher habe ich meinem Mann manchmal eine Massage angeboten, wenn ich eigentlich selbst gerne eine gehabt hätte. Er hat sich gefreut und dankend angenommen, mir danach aber keine angeboten. Es war nicht so, dass er nicht wollte. Er war nur nicht so gut darin, und woher sollte er wissen, dass ich ihm etwas anbiete, obwohl ich eigentlich etwas will?

Vielleicht kennen Sie solche Beispiele auch? Oft werden wir ausgenutzt, weil der andere nicht weiß, was wir wollen, und weil wir von ihm erwarten, dass er unsere Gedanken liest.

Was Sie daraus ableiten können: Wenn Sie etwas tun oder geben – dann tun Sie es immer nur aus Freude und weil Sie Spaß daran haben. Geben Sie nie aus der Erwartungshaltung heraus, dass Sie dann etwas gut haben bei dem anderen oder dass Sie im Umkehrschluss etwas bekommen werden oder verdient haben.

Dies ist tatsächlich schon der allerbeste und wirksamste Schutz, gegen das Ausgenutztwerden, denn ein Großteil der Situationen, in denen es darum geht, entsteht aus so einer Haltung heraus.

Sie werden außerdem spüren, dass es Ihnen guttut, einfach um etwas zu bitten, wenn Sie etwas haben wollen. Erwarten Sie nicht, dass Ihre Umwelt Gedanken lesen kann, und seien Sie auch nicht allzu beflissen darin, direkt von sich aus Gegenleistungen anzubieten!

Fragen Sie erst mal – und schauen Sie dann, was passiert! Wenn jemand Ihnen das, was Sie gerne haben möchten, nur bei Gegenleistung anbietet, ist es vielleicht gar keine so gute Idee. Vor allem wenn Ihr Anteil etwas ist, worauf Sie gar keine Lust haben. Das klingt nach einem sehr schlechten Geschäft! Ein gutes Geschäft ist etwas, bei dem beide Parteien füreinander etwas tun können, das Sie tatsächlich gerne tun.

## Geben und Nehmen in Beziehungen

Beim Geben in Beziehungen gibt es außerdem ein paar „Fallstricke“, die ich in der Coachingpraxis immer wieder sehe: Gerade Menschen, die meinen, sie müssten sehr viel tun, um Liebe zu zeigen und geliebt zu werden, erreichen damit oft genau das Gegenteil:

Wer glaubt, seine Liebe durch beständiges „Geben“ zeigen zu müssen, zeigt damit eigentlich nur, dass er sich selbst für nicht liebenswert hält und immer Extras anbieten muss, damit der andere es schön genug hat. Doch die meisten Menschen gehen ihren Liebsten damit eher auf den Wecker und erreichen das Gegenteil von dem, was sie wollten.

Selbst wenn Sie keine solche Mutter haben oder hatten: Vielleicht kennen Sie das übertriebene „Beglucken“ mit Nachfragen, Hinweisen, Ratschlägen oder übertrieben viel Essen bei Besuchen? Eigentlich will die Mutter nur Fürsorge zeigen – aber in Wahrheit nervt sie die längst erwachsenen und mündigen Kinder.

## Geben Sie nicht zu viel

Je mehr Sie glauben tun zu müssen, umso höher ist die Wahrscheinlichkeit, dass Sie damit übers Ziel hinausschießen und den anderen eher überfordern oder nerven – was die gegenteilige Reaktion provoziert!

Gerade in der Partnerschaft ist das „Immer nur geben und nichts zurückbekommen“ ein Phänomen, das mir häufig geschildert wird. Wenn Sie das kennen, lassen Sie mich Ihnen eine einfache, kurze und wichtige Frage stellen:

*Wie gut können Sie annehmen?* Zum Beispiel Geschenke? Komplimente? Gefallen? Oder Hilfe?

Die meisten Menschen, die darunter leiden, immer nur zu geben und nichts zu bekommen, sind nämlich sehr schlecht darin, anzunehmen. Sie wollen bescheiden sein und nicht zu viel fordern – aber in Wahrheit geben sie ihren Liebsten nicht die Gelegenheit, etwas für sie zu tun.

Aber gerade das ist ganz wichtig: Wenn Sie etwas für jemanden aus Liebe tun möchten, dann doch weil Sie so Ihre Liebe zeigen möchten. In diesem Moment empfinden Sie (hoffentlich) dann auch Liebe und Wertschätzung für diesen Menschen. Richtig?

Das fühlt sich sehr gut an: Wie schön ist es, wenn man jemandem, den man liebt oder einfach sehr, sehr gerne mag, etwas Gutes tun kann und sieht, wie er sich freut. Wie gut fühlt es sich an, wenn man hilfreich für jemanden sein kann oder einfach nur nett oder liebevoll ist, durch das, was man gibt.

Dafür allerdings ist es notwendig, dass der andere bereit ist, das anzunehmen. Ohne das Annehmen auf der anderen Seite kann es kein Geben geben. Ohne das Annehmen gibt es also nicht das gute Gefühl, liebevoll und wertschätzend zu sein und die Zuneigung zum anderen durch das liebevolle Geben zu spüren.

Wenn Sie also nicht annehmen können, dann kann der andere nicht geben! Und wenn er/sie nicht geben kann, dann kann er/sie auch nicht seine Wertschätzung und Liebe für Sie ausdrücken ...

Wie gemein von Ihnen!

Wenn Sie bisher dachten, Sie seien ein besonders bescheidener und deshalb besonders guter Mensch, dann lernen Sie bitte: Annehmen ist genauso wichtig wie Geben! Erlauben Sie sich und anderen das Geben und das Nehmen gleichermaßen!

## Ausgenutzt werden im Job

Viele Menschen werden im Beruf von Kollegen oder Arbeitgebern ausgenutzt. Die bittere Wahrheit ist: Es sind immer die, die signalisieren: „Mit mir kann man es machen."

Die Art und Weise, wie Chefs und Kollegen mit Ihnen umgehen, spiegelt Ihr Selbstwertgefühl wider.

Ich kann mich noch gut daran erinnern, wie es mir ging, als ich mich gerade selbstständig gemacht hatte: Ich hatte ständig das Gefühl, dass es schwierig ist und ich noch nicht gut genug ausgebildet bin und dass ich noch zu wenig Erfahrung hatte. Und genau so verliefen auch meine Gespräche mit Klienten, Interessenten, Partnern. Auch wenn ich es auf der bewussten Ebene noch so sehr zu kontrollieren versuchte: Es drückte sich immer wieder aus. Erst als ich mich sicher und sattelfest fühlte – etwa, als ich mein erstes Buch geschrieben und mir selbst bewiesen hatte, dass ich wirklich eine Expertin bin – änderte sich das.

PRAXISBEISPIEL

**MIT DEN EIGENEN WAFFEN**

*Meine Teilnehmerin Marina erzählte davon, wie ein Kollege ihr beständig zusetzte, obwohl sie sich ihm gegenüber immer hilfsbereit und aufrichtig zeigte. Sie hatte ihn sogar selbst eingearbeitet, und jetzt sabotierte er sie, wo er nur konnte. Sie jammerte, dass er manchmal richtig gemein zu ihr sei und sie nicht ernst nähme. Ich hörte ihr geduldig zu und nahm dann die Worte auf, die sie benutzte – es war faszinierend, denn einige ihrer Sätze hatte ich am ersten Tag schon einmal gehört: Da hatte sie über sich selbst geredet, darüber, dass sie sich oft selbst sabotierte, dass sie manchmal auch richtig gemein zu sich selbst sei und ihre Bedürfnisse nicht ernst genug nähme. Sie wurde blass, als ich das wiedergab – sie hatte es gar nicht bemerkt.*

Aber das war genau der Punkt: Unsere Umwelt spiegelt uns die Dinge, die wir von uns selbst nicht wissen wollen. Letztlich hatte der Kollege sie nicht anders behandelt, als sie sich selbst.

### Sie selbst sind das Vorbild

Durch die Art, wie Sie sich selbst sehen und mit sich umgehen, signalisieren Sie anderen, wie man mit Ihnen umgehen kann und darf. Wenn Sie sich selbst oft hinten anstellen, sich knechten, Ihre Bedürfnisse nicht ernst nehmen, sich selbst ausbeuten, schlecht mit sich sprechen, sich selten loben und so weiter – warum denken Sie, sollten andere es anders tun?

Es ist dabei tatsächlich egal, ob andere das von Ihnen im Außen mitbekommen können oder nicht: Es ist Ihre Ausstrahlung, die anderen Menschen auch auf einer unbewussten Ebene mitteilt: Mit dem kann man's machen!

Je mehr Sie bekannt dafür sind, schnell klein beizugeben, sich verunsichern zu lassen, Angst um Ihren Job zu haben, einzuknicken und so weiter, umso eher werden Sie derjenige sein, der die unbeliebten Aufgaben bekommt oder dem der Urlaub verweigert wird.

Ihre Kollegen und Vorgesetzten suchen sich immer die „schwächste Stelle“ aus. Wenn Sie das sind – weil man es mit Ihnen machen kann – dann bekommen Sie es eben auch entsprechend.

Wenn die Situation bei einer Arbeitsstelle schon zu verfahren ist, kann es durchaus helfen, den Job zu wechseln. Das hilft allerdings auf Dauer nur, wenn Sie sich grundsätzlich verändern – denn sonst haben Sie bei der nächsten Stelle auch bald diesen Posten inne. Je gerader Sie Ihren Rücken machen, umso mehr Respekt wird man Ihnen auch entgegenbringen.

Wenn Sie sich das bisher nicht getraut haben, machen Sie sich darauf gefasst, dass andere erst mal gar nicht gut damit zurechtkommen, wenn Sie sich verändern. Die anderen sind es nämlich gewohnt, dass Sie irgendwann doch kuschen, wenn man Sie nur genug unter Druck setzt oder manipuliert, und werden es gar nicht mögen, wenn deren „Strategie zum Glück“ auf Ihre Kosten plötzlich nicht mehr funktioniert. Halten Sie durch – oder gehen Sie mit einer neuen Haltung auf Jobsuche.

## Nein sagen können

Nein sagen zu können, ist eine sehr gute Übung, um sich selbst zu respektieren und bei anderen Respekt zu verschaffen. Und doch tun sich sehr viele Menschen sehr schwer damit. Das hat damit zu tun, dass die meisten Menschen sich wünschen, von anderen gemocht und angenommen zu werden. Ein Nein ist in erster Linie ein Ausdruck der Ablehnung – und wer sich selbst wünscht, angenommen zu werden, der hat kein gutes Gefühl dabei, anderen Nein zu sagen.

Was Sie dabei jedoch nicht übersehen dürfen: **Ein Ja ist nur dann ein Ja, wenn Sie es auch wirklich einlösen wollen und können.** Und das vor allem, wenn es nicht auf Kosten Ihrer eigenen Bedürfnisse oder gar Ihrer Gesundheit geht.

Wir wollen Menschen oft gerne Ja sagen, um liebenswert zu sein. Doch ein wahrhaft liebenswerter Mensch hat nichts zu beweisen und muss nichts vortäuschen: Das, was man sieht, ist das, was man bei ihm bekommt. Er ist allem voran aufrichtig – und das in allen Bereichen. Auch wenn er etwas nicht mag, wird er es Sie wissen lassen. Er wird dafür geschätzt, dass man bei ihm immer weiß, woran man ist. Und genau das ist die große Chance in einem ehrlichen Nein: Wenn Sie lernen, Nein zu sagen, wenn Sie Nein meinen, dann wird man Sie respektieren und als vertrauenswürdig einstufen, weil Sie aufrichtig sind.

### Nein steht auch für Aufrichtigkeit

Ein aufrichtiger Mensch ist liebenswert, weil er Nein sagen kann, wenn er Nein meint, und somit jeder weiß, dass ein Ja bei ihm ein Ja aus vollem Herzen ist und nicht aus Gefallsucht, Schuld oder Pflichtbewusstsein.

Als wirklich liebenswerter Mensch sagen Sie nämlich nichts, um es jemand anderem recht zu machen oder um beliebt zu sein. Sie sagen vielmehr, was Sie wirklich denken – und können dennoch einen Konsens finden, selbst wenn dieser lautet: Einigen wir uns darauf, dass wir uns uneinig sind.

Genau dafür werden Sie von den richtigen Menschen geschätzt, denn die wissen, dass ein Ja, ein Kompliment oder Bewunderung von Ihnen immer echt sind. Und genau so verhindern Sie auf allen Ebenen, ausgenutzt werden zu können:

- Tun Sie etwas nur, wenn Sie es tun wollen.
- Lernen Sie, anzunehmen.
- Behandeln Sie sich selbst gut.
- Sagen Sie aufrichtig Nein.

# Wie Sie mit Kritik umgehen

Die meisten schüchternen Menschen fürchten sich vor Kritik – sowohl davor, kritisiert zu werden, als auch selbst Kritik auszusprechen.

Tatsächlich scheuen sich sehr viele Menschen, Kritik auf eine konstruktive Art anzubringen (das bemerkt man häufig bei Bewertungsportalen im Internet) – dabei ist Kritik unglaublich wichtig: Nichts auf der Welt kann besser werden, wenn es keine Kritik gibt. Und es gibt einen großen Unterschied zwischen konstruktiver Kritik und Nörgelei!

Trauen Sie sich deshalb auch, sich selbst kritisieren zu lassen. Denn durch konstruktive Kritik haben Sie die Chance, besser zu werden und sich weiterzuentwickeln. Wenn Sie selbst beginnen, freundlich zu kritisieren, werden Sie merken, dass Sie selbst auch immer besser mit Kritik umgehen können – und dass Sie auch in der Lage sind, konstruktive und faire Kritik einzufordern.

## Gekonnt kritisieren lernen

In Restaurants ist das in der Regel sehr einfach: Wenn das, was Ihnen serviert wird, nicht in Ordnung ist, dann rufen Sie einen Kellner und machen Sie ihn freundlich auf den Fehler aufmerksam. Seien Sie dabei so differenziert wie möglich. Sagen Sie also nicht: „Das schmeckt nicht" oder „Das ist nicht in Ordnung", sondern sagen Sie genau, was nicht in Ordnung ist – und vielleicht sogar, wie das Problem gelöst werden kann: „Die Kartoffeln sind sehr lecker, aber das Gemüse ist überkocht. Haben Sie vielleicht stattdessen einen Salat oder etwas anderes für mich?" oder „Sicher war es keine Absicht, aber mein Kaffee ist leider fast kalt. Könnten Sie mir bitte einen heißen Kaffee bringen?"

Wenn ich irgendwo als Gast oder Kunde von einem Missstand betroffen bin, dann sage ich das auch, denn es gibt dann zwei Möglichkeiten: Entweder die Mitarbeiter haben es selbst (noch) nicht bemerkt und sind dankbar, wenn man sie darauf hinweist. So bin ich ein guter Kunde, denn ich gebe den Mitarbeitern die Möglichkeit, mich glücklich zu machen. Oder aber: Die Mitarbeiter wissen das – und es ist ihnen vollkommen egal oder sie sind der Meinung, dass ihr Standard gut genug für alle sein muss. Wenn ich das bemerke, weiß ich für mich, dass ich dort zum letzten Mal war.

Ein Restaurantbesitzer zum Beispiel hat nichts davon, wenn es Ihnen nicht geschmeckt hat und Sie nie mehr wiederkommen. Ein Dienstleister hat nichts davon, wenn Sie nicht zufrieden sind und nächstes Mal jemand anderes beauftragen. Eine Kritik bedeutet immer, dass Sie den Menschen die Möglichkeit geben, es für Sie besser und Sie als Kunden glücklich zu machen.

## Arten der Kritik unterscheiden lernen

Wenn jemand Sie kritisiert, dann gibt es ebenfalls zwei Möglichkeiten: Die erste ist, dass Sie etwas besser machen können und jemand macht Sie darauf aufmerksam. Die zweite ist, dass jemand mit sich selbst sehr unzufrieden ist und diese Unzufriedenheit irgendwo loswerden muss.

Wenn Sie es schaffen, diese beiden Formen von Kritik zu erkennen, werden Sie keine von beiden mehr fürchten müssen: Bei der ersten können Sie wachsen und etwas lernen, und die zweite hat mit Ihnen nichts zu tun.

Ich erinnere mich immer mit einem Schmunzeln an zwei Erfahrungen in Restaurants, die ich recht kurz hintereinander gemacht hatte. Es sind zwei wunderbare Beispiele dafür, wie man mit Kritik umgehen kann. Entscheiden Sie selbst, welche Ihnen besser gefällt:

PRAXISBEISPIEL

## VOM UMGANG MIT KRITIK

*Ich war in München zu einer mehrtägigen Weiterbildungsveranstaltung, und mein Mann begleitete mich. Am ersten Abend gingen wir in ein typisches bayrisches Wirtshaus. Wir bestellten jeder ein Weißbier und wir hatten auch ordentlich Durst. Der Kellner war leider sehr in Eile und schnell wieder verschwunden, nachdem er das Bier serviert hatte, und so hatte ich die Wahl: Bleibe ich jetzt durstig, um mich beschweren zu können, oder trinke ich, obwohl das Bier sehr schlecht eingeschenkt war und mehr Schaum als Bier im Glas stand. Ich entschied mich erst mal für letzteres – und dementsprechend war das Glas schnell leer. Als der Kellner wieder vorbeikam und fragte, ob er noch zwei Bier bringen dürfe, antwortete ich ihm: „Sehr gerne, aber diesmal bitte welche, die zugunsten des Gastes eingeschenkt wurden!“ Er stutzte und fragte mich, wie ich das meinte, und ich zeigte ihm die Stelle, wo beim ersten Bier der Schaum begonnen und das Bier geendet hatte und wo ich es lieber hätte (nämlich am Eichmaß). Als er wiederkam, war das Bier deutlich über das Maß hinaus eingeschenkt, und er sagte mit einem Zwinkern: „Der Wirt sagt, wenn seine Kinder jetzt nicht studieren können, seid's ihr schuld!“ Ich antwortete darauf keck: „Studieren wird überbewertet, glauben Sie mir!“ Das war ihm wohl sympathisch, und am Ende bekamen wir auch noch einen Schnaps aufs Haus.*

*Am nächsten Tag waren wir bei einem recht schicken Italiener. Da vieles auf der Speisekarte gut klang und wir uns beide nicht recht entscheiden konnten, bestellten wir das Hausmenü. Doch leider hatte dieses Menü Schwächen: Keines der Gerichte war so, dass man es direkt zurückgeben wollte – aber nichts davon brachte uns zum Schwärmen. Als der Kellner uns beim Zahlen fragte, ob es in Ordnung war, sagte mein Mann: „Ja, in Ordnung war es ..." – denn genau so war es: in Ordnung, und das wäre es für uns auch gewesen. Der Kellner aber holte den Wirt, ein energiegeladener, recht hektisch wirkender Italiener Anfang 60. „Wenn Sie Kritik haben, sagen Sie es mir! Was hat Ihnen nicht gefallen?"*

*Die Vorspeise war nahezu rohes gegrilltes Gemüse gewesen. Er antwortete mir, das sei „al dente" und in Italien üblich. Mein Argument, dass rohe Aubergine aufgrund des Giftstoffs Solantonin nicht essbar sei, beantwortete er mit: „Da wo ich herkomme, ist das immer so! Sagen Sie mir Ihre Kritik – ich bin kritikfähig!!" Nun gut, ich erwähnte das etwas versalzene Nudelgericht. Er fragte einen anderen Gast, der das Gericht auch hatte, ob es ihm denn geschmeckt hätte, und erklärte uns ebenfalls, das müsse so sein. Nun, vielleicht war das tatsächlich Geschmackssache – aber hoffentlich müsse es doch nicht so sein, dass das Fleisch des Hauptgerichts zäh sei? Der Wirt brüllte das halbe Lokal zusammen, er sei schon seit dreißig Jahren Gastwirt und mache immer alles gut. Dann wollte er uns unser Geld zurückgeben – alles. Wir jedoch wollten das Geld gar nicht zurückhaben, denn wir hatten ja gegessen und getrunken und wollten auch dafür bezahlen. Ich wollte ja nur ein guter Gast sein und dem Wirt die Möglichkeit geben, es besser zu machen. „Wenn Sie das Geld nicht nehmen", brüllte mich der Wirt an, „dann werfe ich es zum Fenster raus auf die Straße!" Mein Mann und ich sahen uns an und wussten nicht, ob wir lachen oder peinlich berührt sein sollten. Ich antwortete ihm daher: „Es ist Ihr Geld. Damit dürfen Sie tun, was immer Sie wollen!" Und damit verließen wir das Lokal.*

*Was glauben Sie: In welches Lokal sind wir ein weiteres Mal zurückgekehrt?*

Wir lachen bis heute über den Auftritt des italienischen Wirts, der recht stark an das Rumpelstilzchen erinnerte. Ich habe schon viele Lokale in meinem Leben besucht. Und es kann in allen Bereichen immer passieren, dass mal etwas schiefgeht oder dass die Erwartung und das Ergebnis eben unterschiedlich sind. Das ist in der Gastronomie quasi normal – und in jedem anderen Bereich kann es genauso passieren. Wichtig ist am Ende, wie die beiden Parteien miteinander umgehen. Und die entscheidende Frage dafür ist: Fühlen sie sich angegriffen?

## Seien Sie dankbar für Kritik

Wenn jemand Sie tatsächlich angreift, hat das in der Regel nichts mit Ihnen zu tun – im Kapitel „Übungen für mehr Schlagfertigkeit" finden Sie hilfreiche Anregungen, um entsprechend zu parieren. Wenn jemand Sie konstruktiv kritisiert, seien Sie ihm dankbar.

Manchmal schreiben mir Leser, meine Bücher hätten ihnen nicht geholfen. Früher habe ich mich davon manchmal wirklich angegriffen gefühlt, denn ich hatte so hart daran gearbeitet und war verärgert, wenn jemand das nicht zu schätzen wusste. Heute denke ich immer an den italienischen Wirt und bin dazu übergegangen, eine ganz einfache Frage zu stellen, um herauszufinden, um welche Art von Kritik es sich handelt: *„Haben Sie denn gemacht, was ich Ihnen im Buch vorschlage zu tun?"*

Fast immer war das nicht der Fall, denn Menschen, die meine Methoden wirklich ausprobieren, erhalten Erkenntnisse, Ergebnisse und positive Veränderung.

Wenn jemand Verbesserungsvorschläge hat, freue ich mich. Wenn jemand mir sagt, dass ihm mein Buch nicht gefällt, zum Beispiel weil er meinen Humor nicht mag, kann ich damit gut leben. Letztlich ist das Geschmackssache. Wenn mich jemand angreift und beleidigt, schmunzele ich eher: Da habe ich wohl viel ausgelöst.

## Werden Sie wichtig für andere

Manche Menschen trauen sich nicht, sich zu beschweren, zu kritisieren oder überhaupt Feedback zu geben, weil sie sich denken „Wer bin ich schon?“ oder „Wer wird sich für mich interessieren? Ich bin nicht wichtig“. Ich weiß nicht, ob es Ihnen schon mal aufgefallen ist, aber kaum ein Mensch auf der Welt wird wichtig geboren! Wir werden wichtig für andere durch das, was wir tun.

Wenn Sie so tun, als ob es Sie gar nicht gäbe, werden Sie recht behalten: Sie werden unwichtig sein und auch bleiben. Doch wenn Sie sich trauen, dann können Sie wichtig werden. Das müssen Sie nicht für jeden, doch wäre es nicht schön, wenn Sie für ein paar Menschen auf der Welt wichtig wären?

Sie könnten zum Beispiel auch für mich wichtig werden: Sie sind mein Leser und haben dieses Buch bis hierher gelesen. Bisher weiß ich nicht, ob ich Ihnen damit helfen konnte – doch genau das ist ja mein Anliegen. Vielleicht möchten Sie mir eine Kritik schicken? Wenn es etwas gibt, was ich für Sie hätte anders oder besser machen können, damit dieses Buch Sie unterstützt, Ihre Schüchternheit zu verändern, lassen Sie es mich gerne wissen!

Schreiben Sie mir an buch@kontaktvoll.de – und denken Sie daran, dass ich Sie fragen werde: Haben Sie gemacht, was ich Ihnen im Buch vorschlage zu tun?

**Hier der versprochene Gutschein:**

**Bei Buchung eines Seminars oder Onlinekurses von Nina Deißler auf www.kontaktvoll.de einfach den Gutscheincode NMShumboldt2018 einlösen und 20 Euro Rabatt erhalten.***

*Auszahlung nicht möglich, Angebot gilt solange der Vorrat reicht.

# Übungen für mehr Schlagfertigkeit

Worum es bei der Schlagfertigkeit geht, ist nicht zwangsläufig, sarkastisch, ironisch oder im Einzelfall spitzfindiger oder gemeiner zu sein als jemand anderes. Es geht eher darum, das Gleichgewicht zwischen zwei Gesprächspartnern zu wahren.

Wenn jemand Sie verbal attackiert, dann bedeutet das meistens, dass er sich über Sie stellen und sich größer und Sie dabei kleiner machen möchte.

Viele Menschen haben das Bedürfnis, sich anderen gegenüber zu erhöhen, sie zu dominieren oder dumm aussehen zu lassen, in der Hoffnung, dass sie selbst dann schlauer wirken. Und leider sind es oft gerade die schüchternen, ruhigen Menschen, die darunter leiden müssen, weil ihnen neben dem Selbstvertrauen die Übung fehlt, wortgewandt zu kontern.

Unter Freunden und Bekannten (oder auch Flirtpartnern) kann es ein „Zeitvertreib" sein, sich ein bisschen zu „piksen" und dabei schlagfertig zu sein. Ganz egal, wann und wo Sie gerne schlagfertiger sein möchten: Sie sind schon weit gekommen, indem Sie Ihr Selbstvertrauen gestärkt haben und aus sich herausgekommen sind. Denn das Wichtigste ist, sich nicht ins Bockshorn jagen zu lassen.

Schlagfertigkeit ist nämlich mit ein bisschen Übung gar nicht so schwierig. Es wurde kein Mensch schlagfertig geboren – es ist eine ganz einfache und simple Folge von Übung, wenn man mal weiß, wie es geht.

Schauen Sie mit mir hinter die Kulissen der Schlagfertigkeit und finden Sie Ihre Lieblingsvarianten!

## Verbales Aikido

Die erste nenne ich selbst „verbales Aikido". Aikido ist eine japanische Kampfkunst, in der der Fokus darauf liegt, die Kraft eines Angriffs ins Leere laufen zu lassen. Sprich: Sie weichen einem Angreifer so geschickt aus, dass er mit voller Wucht an die nächste Mauer klatscht, oder Sie ducken sich im richtigen Moment, sodass er über Sie stolpert und ganz gewaltig auf die Nase fällt. Sie selbst mussten fast nichts tun – außer die Wucht des Angriffs nicht anzunehmen, sondern ihr aus dem Weg zu gehen oder sie quasi „durch sich hindurchlaufen zu lassen".

Im „verbalen Aikido" geht es genau darum: Dem „Angreifer" geschickt auszuweichen bzw. den Angriff durch sich hindurchlaufen zu lassen – sodass er ins Leere geht.

Dafür gibt es verschiedene Strategien:

**1. Voll akzeptieren**
Sie sagen einfach Ja dazu, und finden es gut.
„Deine Krawatte passt nicht zum Hemd." – „Ja, genau. Ist das nicht toll?"
„Merken Sie eigentlich, was Sie da für einen Blödsinn reden?" – „Aber ja doch, Sie auch?"

**2. In das Gegenteil übertreiben**
Sie sagen Ja dazu und suggerieren Ihrem Gegenüber, dass Sie eigentlich „noch viel/schlimmer können". Sie überakzeptieren sozusagen das, was der andere Ihnen vorwirft.
„Du hast ganz schön zugenommen." – „Ja, genau. Eigentlich wollte ich die 100-Kilo-Marke knacken, aber es ist mir einfach nicht gelungen."
„Du bist wirklich dumm!" – „Ja, das liegt bei uns in der Familie, meine Eltern sind sehr stolz auf mich!"

**3. Selbstironie**

Sie nehmen an, was man Ihnen vorwirft – und zeigen mit Humor, dass es Sie nicht trifft, sondern dass Sie sich selbst nicht so ernst nehmen.
„Sie sind schon ganz schön alt." – „Ja, genau. Tatsächlich bin ich 104. Aber ich sage immer 67, das erhöht meine Chancen bei jungen Frauen."
„Du bist ja ganz schön eingebildet geworden." – „Ach Quatsch, ich bin nur eingebildet, am „Schön" arbeite ich noch!"

**4. Wörtlich nehmen**

Was, wenn Sie das, was der andere sagt, einfach mal wörtlich verstehen und genau auf das hören und antworten?
„Wie oft muss ich das noch sagen?" – Tja, wie oft? Überlegen Sie mal, wie oft müsste er/sie das wiederholen? Klar: „Bis ich es verstanden habe."
„Musst du eigentlich immer so ..." – Und? Müssen Sie? Wahrscheinlich nicht, oder? „Nein, ich mache das ganz freiwillig."
„Bist du eigentlich immer so?" – Und? Sind Sie immer so? Wahrscheinlich nicht, oder? „Nein, nur wenn ich ..." (z. B. gute Laune habe).

Sie nehmen also den Angriff jeweils so ab, als ob der Angriff oder Vorwurf bei Ihnen gar nicht als solcher ankam.

Das Geheimnis, um darin richtig gut zu werden, ist: Gehen Sie einfach grundsätzlich davon aus, dass Sie okay sind, wie Sie sind – auch und gerade, wenn Ihnen jemand etwas anderes vermitteln möchte. Das ist in den meisten Fällen der Schlüssel zur Schlagfertigkeit. Denn bei einem Angriff will der andere ja, dass Sie sich schlecht fühlen – was, wenn das nicht funktioniert?

Sie widersprechen nicht, im Gegenteil. Sie nehmen an, was der andere sagt. Dadurch gibt es gar keine Diskussion darum, ob der Vorwurf zutrifft oder nicht. Es gab ja gar keinen.

Wenn uns Menschen mit etwas konfrontieren, tendieren wir häufig dazu, uns zu rechtfertigen – die Aikido-Technik macht genau das nicht. Sie nimmt an.

PRAXISBEISPIEL

### DER „GANZE STOLZ"

*Ich erinnere mich, dass unser (inzwischen verstorbener) Hund in dem kleinen Dorf, in dem wir eine Zeit lang lebten, gerne auch mal aus dem Garten ausbüxte und allein spazieren ging. Natürlich war das von uns nicht gewünscht, doch ich konnte und wollte ihn nicht einsperren oder an eine Kette legen. Die meisten Leute kannten und mochten ihn und amüsierten sich darüber. Wir hatten allerdings eine Nachbarin, die stets sehr um „Recht und Ordnung" bemüht war – für fast alle im Dorf etwas mehr, als tatsächlich notwendig war. Eines Tages sprach mich diese Nachbarin mit einem leicht spitzen Ton an: „Euer Hund ging ja neulich wieder allein im Dorf spazieren!" Und anstatt mich zu rechtfertigen, antwortete ich einfach: „Ja, ist das nicht toll? Wir sind so stolz auf ihn!" Sie wusste nicht, was sie dazu sagen sollte, denn mit dieser Antwort hatte sie nicht gerechnet.*

## Die Zwei-Worte-Strategie

Es geht in vielen Fällen sogar noch einfacher – hier kommt ein „Zwei-Wort-Aikido", das in vielen Fällen bereits vollkommen ausreicht, um Ihr Gegenüber ins Leere laufen zu lassen.

Ein Freund von mir hat mal herausgefunden, dass man bei ganz vielen Gelegenheiten mit nur zwei Wörtern unheimlich weit kommen kann, weil man sein Gegenüber damit unglaublich verblüfft.

Hier drei Beispiele:

- „Ihr Preis ist ja ganz schön hoch, Herr G.!"
- „Als wir uns das letzte Mal gesehen haben, warst du schlanker!"
- „Sie sind 15 Minuten zu spät!"

Haben Sie eine spontane Idee, mit welchen beiden Worten Sie auf alle drei „Vorwürfe" perfekt reagieren könnten? Auch hier ist die Zustimmung wieder die magische Komponente. Die beiden magischen Worte, die mein Freund benutzt, sind:

*„Stimmt! Und?"*

Es ist absolut verblüffend, was passiert, wenn er das macht. Er lächelt dabei ganz offen und herzlich, schaut sein Gegenüber an und sagt: „Stimmt! Und?"

Im Falle des Vorwurfs mit dem Preis musste der Kunde total lachen – und hat ihn engagiert! Denn die Reaktion meines Freundes war so sympathisch und selbstbewusst, dass der Kunde davon ausgehen konnte, dass er sein Geld einfach wert ist. Das war tausendmal effektiver, als den Preis zu rechtfertigen!

Überlegen Sie doch mal, in wie vielen Situationen Sie mit einem „Stimmt! Und?" schon total schlagfertig sein können.

## Besser als das Gegenteil

Eine weitere hilfreiche Taktik ist es, sich zu überlegen, was das genaue Gegenteil von dem wäre, was man Ihnen vorwirft.

Meist ist das genaue Gegenteil ja auch nicht das Richtige. Und wenn jemand Ihnen vorwirft, Sie seien zu ... (was auch immer), dann ist er vermutlich auf der Skala zwischen dem einen und dem anderen Extrem einfach recht weit von Ihnen entfernt. Und das hat auch Nachteile.

Zum Beispiel:

- „Du bist viel zu emotional."
  Das Gegenteil von „zu emotional" wäre z. B. „gefühllos".
  Eine Antwort könnte also sein: „Besser emotional als gefühllos!"

Oder Sie könnten sich überlegen, was der Vorteil von dem ist, was man Ihnen vorwirft:

- „Du bist zu langsam!"
  „Besser langsam *und dafür sorgfältig* als schnell und ungenau."
  Sie sagen damit quasi: Ganz ohne diese Eigenschaft wäre es auch nicht gut!

## Komplimente zur Verteidigung

Die meisten Menschen wären gerne oder halten sich für klug, konstruktiv, begabt, erfahren, kompetent, gut aussehend/hübsch, jemand mit gutem Geschmack und so weiter.

Das können Sie sehr gut nutzen, um einen Angreifer damit zu entwaffnen:

- Bestätigen Sie Ihrem Gegenüber, dass er eine dieser Eigenschaften hat oder ein Vorbild bezüglich der an Ihnen kritisierten Eigenschaft ist.
- Sagen Sie ihm, dass Sie aufgrund dessen mehr/besseres von ihm erwartetet hätten, oder fragen Sie ihn sogar um Rat oder Hilfe.

Wenn Sie von jemandem im Job hart kritisiert oder „abgebügelt" werden:

- „*Gerade von Ihnen* hätte ich mit einem differenzierten Urteil gerechnet."
- „Von Ihnen hätte ich eine konstruktivere Kritik erwartet."

Wenn jemand Ihre Fähigkeiten kritisiert:

- „Von Ihnen kann ich noch viel lernen. Was genau empfehlen Sie mir?"
- „Sie sind wirklich besser in XY. Wie machen Sie das?"

Das muss übrigens gar nicht stimmen, besonders wenn Sie selbst wissen, dass der Kritiker eigentlich nicht mehr drauf hat als Sie, bringen Sie ihn damit ganz schnell an seine Grenzen.

## Imitieren, um das Gleichgewicht herzustellen

Manchmal ist jemand einfach frech – oder gedankenlos. In beiden Fällen kann es einen sehr guten Effekt haben, das Gegenüber in seiner Art zu imitieren.

PRAXISBEISPIEL

### MIT MUT ANS ZIEL

*Ich erinnere mich, dass mein Marketingprofessor uns mal eine Geschichte erzählte, wie er bei einem Unternehmen im Vertrieb anfing, das allerlei Basisprodukte für Kantinen herstellten: Suppenwürfel, Soßenbinder und so weiter.*

*Er hatte mit seinem damaligen Vorgänger, der ihn einarbeiten sollte, einen Termin bei einem bekannten Autokonzern. Der Vorgänger, der später sein Chef werden sollte, sagte ihm: „Eigentlich ist das nur ein Pflichttermin. Wir haben hier noch nie etwas verkauft."*

*Als sie das Büro des Einkäufers betraten, schaute der auf und sagte: „Ach, ihr wieder mit euren scheiß Suppen!" Mein Professor konterte mit: „Na, da passen wir doch super zu euren scheiß Autos!" Seinem Kollegen stockte der Atem, doch der Einkäufer musste lachen – und an diesem Tag kamen sie ins Geschäft!*

*Das hätte auch ins Auge gehen können.*

*Aber letztlich war meinem Professor damals klar, dass der Mann hinter dem Schreibtisch zwar Millionenbudgets verwaltete, selber aber auch nicht mehr verdiente als er. Mit der Imitation des frechen Spruchs kamen sie auf dieselbe Ebene.*

Und noch ein anderes Beispiel:

Als George Bush 2005 nach Deutschland kam, begegnete er Außenminister Joschka Fischer, den er eigentlich seit 2001 persönlich kannte, und wollte wohl zeigen, „wo der Hammer hängt", da das Verhältnis gerade etwas angespannt war. Zur Begrüßung sagte er zu Fischer: „Hello, what's your name?" Fischer konterte: „My name is Mr. Fischer, what's *your* name?" Bush war sehr irritiert und antwortete: „Bush. I'm Mr. Bush."

Meist reicht es, den Redestil und Satzbau des Gegenübers nachzuahmen. Bei Fischer und Bush war es die Frage „What's *your* name?". Der Clou dabei ist, dass Sie den Angreifer mit den eigenen Waffen schlagen, denn Sie sagen Ihrem Gegenüber: Wir sind auf einer Wellenlänge, Ihre Sätze sind so schön, dass ich sie direkt auch benutze! Und Sie stellen es vielleicht fest: Das Gleichgewicht wird wiederhergestellt, der andere steht nicht mehr über Ihnen.

Wenn jemand es verträgt oder die Situation es hergibt, können Sie natürlich auch das Kräfteverhältnis umkehren, z. B.:

- „Ihre Bluse gewährt ja tiefe Einblicke."– „Ihre Sprüche gewähren auch tiefe Einblicke – in die Leere Ihres Hirns."

oder

- „Sie haben einen merkwürdigen Arbeitsstil." – „Sie haben eine merkwürdige Art, konstruktive Kritik zu äußern."

oder

- „Warum hast du keinen Fernseher? Bist du arm?"– „Warum hast du keine Bücher? Bist du dumm?"

Eine weitere Variante ist, dass Sie davon ausgehen können, dass Menschen immer besonders gut das erkennen können, wovon sie etwas verstehen. Wenn jemand Sie also für etwas kritisiert oder angreift, dann kann er das nur, weil er selbst Experte in genau dieser Sache ist.

Bei dieser Methode muss ich immer daran denken, wie der Trainer in die Umkleidekabine ruft: „Hier riecht's ja wie im sibirischen Puff!" und einer der Spieler darauf kontert: „Wo du schon überall warst!"

Wenn jemand Sie als unfähig empfindet, muss er das ja wissen – er selbst muss sich also in Unfähigkeit extrem gut auskennen. Wenn also jemand sagt „Mein Gott, sind Sie unfähig!", dann sagen Sie doch einfach: „Da passen wir ja gut zusammen!"

## Notlösungen für mehr Schlagfertigkeit

Manchmal kann man auch mit kleinen Reaktionen arbeiten, um einfach Zeit zu gewinnen – und zu schauen, was der „Angreifer" sich traut. Reagieren Sie mit:

- Ist das so?
- Ach ja, wirklich!?
- Sicher?
- Sieh an!
- Aha!?
- Sagt wer?

Oder zwinkern Sie ihm verschwörerisch lächelnd zu, so als ob Sie etwas wüssten, das er (noch) nicht weiß.

Sie können den anderen zwingen, sich „klarer" auszudrücken, damit müsste er die Frechheit tatsächlich zugeben – das werden die wenigsten wollen und sich lieber zurückziehen:

- Habe ich Sie richtig verstanden, ...
- Was genau wollen Sie mir damit sagen?
- Wie genau meinen Sie das?

Oder Sie nutzen „Universalsätze", die Sie einfach auswendig lernen und benutzen können, wenn Sie das Gefühl haben, jemand möchte Sie ärgern oder beleidigen. Ich habe einen netten und einen nicht so netten Universalsatz:

Der nette lautet: „Das haben Sie bestimmt nicht so gemeint, wie es geklungen hat." Der nicht so nette geht so: „Damit mich das beleidigt/ärgert, müsste es mich erst mal interessieren."

Neulich habe ich mal gehört, dass ein Professor, wann immer ein Kollege ihn in Sitzungen nervt oder kritisiert bzw. seine Arbeit infrage stellt, darauf eingeht mit: „Das ist eine sehr interessante Perspektive, da denke ich gerne noch mal darüber nach." Und dazu sagte er, dass dies seine „offizielle Aussage" ist, wenn er sich eigentlich denkt: „Was für ein Vollidiot!", aber das muss er ja nicht aussprechen.

Und last, but not least: Manchmal ist es gut, kurz zu überlegen, ob es wirklich ein Angriff oder doch nur eine ungeschickt formulierte, aber vielleicht hilfreiche Kritik ist. Dann könnten Sie auch genau so darauf regieren: Ich nehme die Kritik ernst, aber ich bitte um einen angemesseneren Ton.

- „Das ganze Vorgehen taugt nichts!" – „Wie müsste es sein, damit es etwas taugt?"
- „Ihr Projekt ist unorganisiert." – „Wie müsste es denn sein, damit Sie es als organisiert empfinden?"

Statt auf Konfrontationskurs zu gehen, bringen Sie damit Ihr Gegenüber dazu, einen Lösungsansatz zu liefern.

- „Dieser Vorschlag ist doch unrealistisch." – „Was schlagen Sie vor? Wie wäre es aus Ihrer Sicht realistischer?"

Auf diese Weise bekommen Sie auch schnell heraus, ob die Kritik wirklich konstruktiv gemeint ist, denn Pauschalnörgler haben darauf keine Antwort.

Hier ein paar Standardformulierungen für diese Technik:

- Wie müsste es sein, damit ...
- Wie würden Sie dafür sorgen, dass ...
- Was schlagen Sie denn vor?

Mit diesen Möglichkeiten werden Sie garantiert immer und immer wieder schlagfertig reagieren können. Machen Sie sich keine allzu großen Gedanken darüber, wenn Sie anfangs auch mal über das Ziel hinausschießen – das ist ganz normal und kann passieren.

Wenn Sie bemerken, dass Sie jemandem vielleicht unrecht getan haben oder wenn Sie übertrieben haben, mit Ihrem Gegenschlag: Haben Sie die Größe, sich zu entschuldigen. „Das war nicht so gemeint, wie es gerade klang. Entschuldige!" hat auch noch niemandem geschadet!

## Lifehacks für Schüchterne und Introvertierte

Wer lange schüchtern war und sich jetzt auf den Weg macht, der ist in manchen Situationen vielleicht überfordert, weil der Automatismus der Hemmung noch abtrainiert werden möchte. Gut wenn man dann kleine „Hacks" – also einfache Ideen für schnelle Ergebnisse – zur Hand hat, mit denen man weiterkommt. Ich habe im Folgenden für Sie ein paar dieser Ideen zusammengestellt.

### Was mache ich, wenn ...

#### ... ich möchte, dass mich jemand mag?

Menschen werden Sie mögen, wenn Sie sich gut mit Ihnen fühlen.

Die einfachste Art, einem Menschen ein gutes Gefühl zu vermitteln, ist, ihm das Gefühl der Bestätigung zu geben: Wenn Sie sich mit jemandem unterhalten und er erzählt Ihnen etwas, das ihm wichtig zu sein scheint, hören Sie zu. *Sehen* Sie ihn. Und wenn er fertig ist: Gehen Sie darauf ein und wiederholen Sie das, was er gerade gesagt hat, in Ihren eigenen Worten. Damit zeigen Sie, dass Sie wirklich zugehört haben und sich wirklich interessieren.

Wenn Ihnen z. B. jemand begeistert erzählt, er war in Frankreich und hat dort Surfen gelernt, sagen Sie: „Du warst in Frankreich zum Surfen? Wie lange hat es gedauert, das zu lernen? Es scheint dir viel Spaß gemacht zu haben ..."

Wenn jemand Ihnen erzählt, dass er einen schlechten Tag hatte, weil es bei der Arbeit drunter und drüber ging, sagen Sie: „Bei deiner Arbeit hast du heute ganz schön viel Stress gehabt. Es war wohl nicht der beste Tag bisher, was genau ist denn passiert?"

### ... ich mich mit jemandem streite oder jemanden verärgert habe?

Tatsächlich ist die oben genannte Methode der Bestätigung auch hier eine wahre Wunderwaffe. Wenn jemand sauer auf Sie ist: Fragen Sie den anderen als Erstes, was ihn verärgert. Und bevor Sie irgendetwas anderes sagen, fassen Sie die Aussage Ihres Gegenübers zusammen: „Wenn ich dich richtig verstanden habe, dann bist du verärgert, weil ..." Sie können förmlich zuschauen, wie der Ärger bereits dadurch nachlässt.

Das ist eine sehr viel bessere Idee, als sich direkt zu rechtfertigen oder lange Erklärungen abzuliefern. Denn Ihr Gegenüber ist dafür meistens (noch) gar nicht bereit – er/sie möchte sich als Erstes verstanden fühlen. Und das erreichen Sie mit der Bestätigungsmethode. Machen Sie das so lange, bis Ihr Gegenüber alles losgeworden ist – dann können Sie auch erklären oder sich rechtfertigen, wenn Sie möchten.

Oder Sie fragen einfach nach: „Was brauchst du von mir?" Ob Sie das geben möchten, entscheiden Sie dann hinterher.

### ... ich das Gesprächsthema wechseln möchte?

Gerade wenn Sie sich mit jemandem unterhalten, der ein nerviges, langweiliges oder sehr negatives Gesprächsthema aufgebracht hat und jetzt schon seit gefühlten dreißig Minuten darauf herumreitet, möchten Sie ganz gerne raus aus der Situation. Doch wie?

Tatsächlich ist auch hier Wiederholung eine gute Einleitung für einen Themenwechsel: „Wenn ich dich richtig verstanden habe, dann ... Sag mal, möchten wir nicht lieber über was Angenehmeres sprechen?“ oder „Ich verstehe das ...“ – und dann wechseln Sie einfach zu einem anderen Thema.

Wenn Sie merken, dass Sie sich schon viel zu lange über berufliche Themen unterhalten (vielleicht obwohl Sie doch eigentlich flirten wollen!), dann stellen Sie Ihrem Gegenüber eine Frage, mit der Sie sich langsam aus dem Thema herausbewegen:

- Was an deinem Job macht dir am meisten Spaß?
- Wenn du tun könntest, was immer du wolltest, was wäre das?
- Weißt du noch, was du werden wolltest, als du klein warst?

Wenn Sie selbst sich dabei erwischen, dass Sie schon viel zu lange über ein Thema gesprochen haben: Halten Sie kurz inne – und bemerken Sie es! „Entschuldige, ich glaube, ich rede schon viel zu lange darüber. Ich wollte dich nicht langweilen! Worüber möchtest du lieber sprechen?“

### ... ich von jemandem eine Antwort haben möchte, aber der andere nur teilweise oder nicht ausreichend antwortet?

Eine wunderbare Situation, in der Sie nichts weiter brauchen als Geduld! Diese Situation taucht häufiger auf, wenn man sich noch nicht so gut kennt oder wenn Ihre Frage vielleicht nicht ganz klar war. Anstatt nachzusetzen – das könnte rechtfertigend wirken –, warten Sie einfach: Wenn jemand Ihnen antwortet, ohne die ganze Antwort zu geben: Warten Sie und halten Sie den Blickkontakt – so, als ob Sie ganz sicher sind, dass da noch etwas kommt. Wenn die Spannung zu stark wird, heben Sie Ihre Augenbrauen – so zeigen Sie ganz deutlich, dass Sie sicher sind, dass der andere noch etwas zu sagen hat und dass Sie interessiert daran sind.

Und es zeigt auch auf eine sehr subtile Weise, dass Sie jemand sind, der üblicherweise bekommt, was er will. Und das ganz ohne dass Sie etwas sagen müssen. Wie praktisch!

### … ich souverän wirken will, obwohl ich etwas nicht weiß?

Kein Mensch weiß alles – und niemand verlangt von Ihnen, alles zu wissen. Viele schüchterne Menschen gehen Situationen wie Prüfungen oder Fragen generell sehr gerne aus dem Weg. Doch manchmal lässt es sich nicht vermeiden. Egal in welcher Situation Sie etwas gefragt werden, die goldene Regel lautet: Selbstsicherheit ist wichtiger als Wissen!

Wenn Sie sich um einen Job bewerben, dann wird bei gleicher Qualifikation nicht der Kandidat ausgewählt, der die meisten Fragen richtig beantworten konnte, sondern der, der einen selbstbewussten, vertrauenswürdigen Eindruck macht. Eine aufrechte Haltung, Blickkontakt, Interesse zeigen und Selbstsicherheit vermitteln sind hier deutlich wichtigere Zeichen als Perfektion oder allumfassendes Wissen.

Egal in welcher Situation Sie etwas nicht wissen: Bleiben Sie entspannt, halten Sie Augenkontakt (wenn es nicht am Telefon ist), lächeln Sie Ihrem Gegenüber vertrauensvoll zu und sagen Sie voller Selbstvertrauen: „Verzeihen Sie, aber ich glaube, dass weiß ich (im Moment) nicht!“

Je nach Situation können Sie dann Folgendes tun:

In einer Prüfungssituation bieten Sie direkt etwas anders an, das mit diesem Thema ansatzweise zu tun hat. Nach dem Motto: „Verzeihen Sie, ich glaube, dass weiß ich nicht. Aber ich weiß …“ Und dann sagen Sie das, was Sie wissen.

Wenn ein Kunde oder ein Kollege etwas wissen möchte, das Sie nicht wissen, machen Sie es genauso! Lächeln, Blickkontakt, Vertrauen und: „Verzeihen Sie, dass weiß ich gerade gar nicht. Aber ich werde es sehr gerne für Sie herausfinden. Bitte geben Sie mir einen Moment."

So wirken Sie vertrauenswürdig, souverän und kompetent, auch wenn Sie etwas nicht wissen.

### ... ich selbstbewusst wirken will, obwohl ich ziemlich nervös bin?

Es gibt Situationen, in denen sind nicht nur schüchterne Menschen nervös: Prüfungen, Vorstellungsgespräche, ein Referat halten, ein Date mit jemandem, den man toll findet, ein wichtiges Gespräch, Gehaltsverhandlungen und so weiter. Es gibt ein paar einfache Tricks, wie Sie Ihr Adrenalinlevel auf ein erträgliches Maß bringen können:

- Wenn Sie sehr nervös sind und die Situation es ermöglicht, kauen Sie Kaugummi. Unser Gehirn ist keine Einbahnstraße: Essen und Angsthaben gehören seit Millionen Jahren nicht zusammen – und wenn Sie kauen, glaubt Ihr Reptiliengehirn, dass Sie gerade Essen und deshalb gar keine Angst haben können. Es ist also alles in Ordnung!
- Suchen Sie sich einen ruhigen Ort – am besten sogar das sprichwörtliche „stille Örtchen" – und nehmen Sie eine „Machtpose" ein: Stellen Sie sich breitbeinig vor den Spiegel, stemmen Sie die Hände auf die Hüfte, heben Sie das Kinn, Schultern zurück, Brust raus und Po zusammenkneifen ... Dann schenken Sie sich selbst das breiteste, strahlendste Lächeln, zu dem Sie jemals fähig waren, und schauen Sie sich in die Augen! Dann recken Sie eine Faust hoch in die Luft und sagen „Yes" oder „Ja" oder „Yeah" – was immer Sie sagen würden, wenn Sie etwas sehr, sehr Großartiges geschafft haben. Selbst wenn Sie wissen, dass Sie das gerade nur „faken", Ihr Körper wird reagieren und Ihr Geist wird folgen!
- Sagen Sie sich, dass die anderen Sie mögen! Sie haben niemandem einen Grund gegeben, Sie nicht zu mögen, und Sie haben

es auch nicht vor. Bisher also wird man Sie mögen. Wenn Sie ein Date haben oder ein Referat halten – ganz egal was es ist: Wenn Sie dort stehen oder sitzen und das Blut Ihnen in den Ohren rauscht: Lächeln Sie Ihr Gegenüber an und sagen Sie mit dem herzlichsten Lächeln, das Sie haben: „Bitte verzeihen Sie mir, ich bin etwas nervös." Denn tatsächlich ist es ein Zeichen von großer Stärke und Selbstbewusstsein, eine Schwäche zugeben zu können. Und anhand einer solchen Situation nervös zu sein ist eine sehr verständliche und menschliche Regung, und sie zuzugeben, macht Sie sehr sympathisch. Und dann starten Sie durch!

### ... ich vor anderen sprechen soll?

Viele Menschen sind nervös, wenn sie vor einer Gruppe sprechen sollen. Dabei ist das in den allermeisten Fällen gar nicht nötig: Mir hilft es sehr, wenn ich mir sage, dass die anderen Menschen gekommen sind, um zu hören, was ich ihnen sagen möchte. Sie freuen sich auf mich, deshalb muss ich keine Angst haben, sondern kann mich doch ebenso freuen.

Wenn ich Angst haben sollte, etwas in der Rede zu vergessen, dann erinnere ich mich daran, dass ja *nur ich* weiß, was ich alles sagen wollte. Falls jemandem etwas fehlt, kann ich anbieten, dass man mich im Anschluss gerne noch fragen kann. Und das scheint tatsächlich zu helfen.

Wenn Sie sich vorstellen, dass die Zuhörer Ihnen freundlich gesinnt sind (und warum sollten sie das nicht sein?), dann brauchen Sie gar nicht mehr nervös zu sein. Vielleicht klappt das ja bei Ihnen auch?

Manchmal mache ich direkt zu Beginn eines Vortrages einen Scherz dazu. Mein Lieblingsscherz geht so: „Ich habe gehört, dass man sich, wenn man nervös ist, das Publikum einfach nackt vorstellen soll. Aber dann habe ich gesehen, wie attraktiv Sie alle sind, und mir gedacht, dass ich dann nur noch nervöser wäre."

### … ich gerne angesprochen werden möchte?

Das Wichtigste, wenn Sie Kontakt mit anderen haben möchten, ist: Wirken Sie freundlich und aufgeschlossen. Sorgen Sie dafür, dass Sie entspannt sind, Blickkontakt herstellen können und lächeln. Andere müssen sehen können: Dieser Mensch ist „nicht gefährlich“, und er bietet Kontakt an.

Geben Sie anderen Menschen einen Grund, mit Ihnen in Kontakt zu kommen. Sehr hilfreich können Accessoires sein, die Gesprächsstoff bieten: ein T-Shirt mit einem Aufdruck (ein Spruch oder den Namen einer Band, die Sie mögen) oder eine Tasche mit einem Fansticker, ein Anstecker oder ein Button, der Sie als Fan eines bestimmten Films, einer Band oder einer Philosophie identifiziert. Ein auffälliges Schmuckstück geht vielleicht auch. Wenn Sie eine besondere Leidenschaft haben und andere das sehen können, wird es sehr leicht, ein Gespräch mit Ihnen zu beginnen. Natürlich nicht für jeden – aber für Menschen, die das interessiert. Und genau bei denen ist die Chance, dass Sie sich gut verstehen werden, ja ziemlich hoch.

### … ich zu einer Party eingeladen bin, wo ich niemanden kenne?

Um Menschen kennenzulernen, ist es nun mal so, dass Sie sich unter Menschen begeben müssen, die Sie noch nicht kennen. „Fremde sind nur Freunde, die man noch nicht kennt“, lautet ein altes Sprichwort, und sich das zu sagen, hilft bereits.

Wenn Sie zu einer privaten oder geschäftlichen Party eingeladen sind, wo Sie nur wenige Menschen kennen, bieten Sie doch einfach von vornherein Ihre Hilfe an: Wenn Sie bereits zu Beginn da sind und allen Gästen zeigen, wo sie ihre Jacken lassen können, oder den Begrüßungssekt anbieten, werden Sie damit ganz leicht in Kontakt kommen und als offen und freundlich erkannt werden. So haben Sie dann mit jedem auch schon mal gesprochen und können später ganz leicht wieder ins Gespräch kommen.

# Schüchternheit überwinden

Schüchternes Verhalten zu verändern ist ein Prozess – und er kann eine Weile dauern. Das Wichtigste jedoch ist *Ihre Entscheidung*!

Vielleicht müssen Sie Ihre Schüchternheit ja noch nicht einmal überwinden. Vielleicht genügt es, wenn Sie Frieden mit ihr schließen!

Letztlich sind Sie kein besserer oder schlechterer Mensch, egal wie redselig, mutig oder erfolgreich Sie sind. Wichtig ist doch nur, wie es Ihnen dabei geht.

## Sie entscheiden über Ihr Leben

Wir alle haben nur eine sehr begrenzte Zeit auf dieser Welt. Wir werden geboren, dann leben wir und dann sterben wir auch wieder. Und ganz egal, was Sie in der Zeit Ihres Lebens alles gemacht haben: Sie werden sterben, so wie alle anderen auch. Es ist also eigentlich egal, ob Sie so gelebt haben, wie andere es von Ihnen erwartet haben. Es ist egal, ob Sie sich getraut haben, jemanden anzusprechen oder sich um den Job zu bewerben. Es ist egal, ob Sie schüchtern waren oder mutig. Ob Sie andere an Ihren Gedanken haben teilhaben lassen oder nicht. Am Ende war es Ihr Leben – und Sie haben es so gelebt, wie Sie es entschieden haben.

Und genau da liegt doch eine große Chance: Wenn es am Ende eh egal ist, könnten Sie ja entscheiden, es mehr so zu leben, wie es *Ihnen* gefallen würde. Ganz gleich, was genau das bedeutet …

Letztlich besteht das Leben aus einer Reihe von Erfahrungen. Ich habe bemerkt, dass oft gerade die Erfahrungen, vor denen ich mich drücke oder fürchte, genau die sind, die mir helfen und mich bereichern. Manche davon helfen mir, meine Komfortzone zu erweitern, sodass ich nach diesen Erfahrungen deutlich seltener Angst habe, nervös oder aufgeregt bin. Bei manchen lerne ich etwas. Bei anderen befreie ich mich von etwas. Manchmal zeigen Sie mir auch meine Grenzen auf – und oft genug liegen die viel weiter „draußen“, als ich dachte.

Und gerade bei den Erfahrungen, auf die ich eigentlich gerne verzichtet hätte, kann ich heute sagen: Ich habe sie überlebt, ich habe sie irgendwie gemeistert oder zumindest habe ich sie überstanden. Sie angegangen zu sein – es gewagt zu haben – das ist es, was mir Selbstvertrauen gegeben hat. Sie haben den Menschen aus mir gemacht, der ich heute bin. Sie sind gut dafür, dass ich besonders dankbar sein kann, für all die anderen guten Erfahrungen, für all die Freude und das Abenteuer.

Und genau das wünsche ich Ihnen auch. Das Leben geht so schnell vorbei – machen Sie was draus!

Ihre
Nina Deißler

# QUELLEN UND LINKS

Hier erfahren Sie noch mehr über die im Buch genannten Personen und Methoden:

Nina Deißler: www.kontaktvoll.de

Tim Ferris: https://tim.blog
Jason Comeley: www.rejectiontherapy.com
Jia Jiang: www.ted.com/speakers/jia_jiang
Michelle Poler: www.100dayswithoutfear.com
Vera Birkenbihl: www.birkenbihl.com
Richard Bandler und NLP:
http://nlpportal.org/nlpedia/wiki/Richard_Bandler
Robert Dilts und die logischen Ebenen:
http://nlpportal.org/nlpedia/wiki/Logische_Ebenen

**Bibliografische Information der Deutschen Nationalbibliothek**
Die Deutsche Nationalbibliothek verzeichnet diese Publikation in der Deutschen Nationalbibliografie; detaillierte bibliografische Daten sind im Internet über http://dnb.ddb.de abrufbar.

**ISBN 978-3-86910-674-8** (Print)
**ISBN 978-3-86910-675-5** (PDF)
**ISBN 978-3-86910-676-2** (EPUB)

Originalausgabe

© 2018 humboldt
Eine Marke der Schlüterschen Verlagsgesellschaft mbH & Co. KG,
Hans-Böckler-Allee 7, 30173 Hannover
www.schluetersche.de
www.humboldt.de

Autorin und Verlag haben dieses Buch sorgfältig erstellt und geprüft. Für eventuelle Fehler kann dennoch keine Gewähr übernommen werden. Weder die Autoren noch der Verlag können für eventuelle Nachteile oder Schäden, die aus den im Buch vorgestellten Übungen und praktischen Hinweisen resultieren, eine Haftung übernehmen.

Alle Rechte vorbehalten. Das Werk ist urheberrechtlich geschützt. Jede Verwertung außerhalb der gesetzlich geregelten Fälle muss vom Verlag schriftlich genehmigt werden.

**Lektorat:** Dateiwerk GmbH, Nathalie Röseler, Pliening
**Covergestaltung:** semper smile Werbeagentur GmbH, München
**Covermotiv:** Marius Bauer, Fotografie und Webdesign, Berlin; shutterstock/Oksancia
**Foto auf Seite 9:** Marius Bauer, Fotografie und Webdesign, Berlin
**Satz:** PER Medien & Marketing GmbH, Braunschweig
**Druck:** gutenberg beuys feindruckerei GmbH, Langenhagen